無一우학

설법대전

(3)

도서출판 | 우리절 **한국불교대학 大관음사**
좋은인연 | **유튜브불교대학** 자매채널 비유디

無一우학
說法大典
(3)

설법대전을 내면서

나무 불법승(佛法僧)

먼저, 이 책을 인연하시는 모든 분들의 행복을 기도 축원드립니다.

저는 요즘 무문관 정진 중입니다만, 일주일에 한 번씩 유튜브를 통해 생활법문을 녹화하고 있습니다. 전대미문의 코로나 팬데믹(pandemic)으로 불교대학의 정규 강의와 정기 법회가 중단된 상태에서 궁여지책으로 생각한 것이 유튜브불교대학 운영이었습니다. 다행히 부처님 가피로, 애초 5천 명의 구독자로 출발하였으나, 만 2년이 되지 않아서 10만 명의 구독자를 확보함으로써 유튜브를 통해서나마 국내외 불자(佛子)님들과 소통할 수 있게 되었습니다.

저는 1992년 전세 포교당에서 한국불교대학 大관음사를 열면서 창건 이념과 3대 지표를 세웠습니다. 그 창건 이념은 "바른 깨달음의 성취와 온 세상의 정토 구현" 입니다. 그리고 사찰의 3대 지표는 "근본 불교, 세계 불교, 첨단 불교"입니다. 그런데 이 창건 이념과 3대 지표가 유튜브라는 매체를 통하여 구현할 수 있게 되었으니, 코로나로 인해 대면 포교가 어려워진 상황 속에서도 크게 다행스러운 일이 아닌가 생각합니다. 참으로 전화위복입니다.

제가 본격적으로 '유튜브 생활법문'을 준비하고 점검하면서 크게 놀란 것은 시청자 연령대의 70%가 50세 이상이라는 사실입니다. 그래서 젊은 불자를 염두에 두고 전법(轉法)의 빛깔과 방향에서 고민을 하기도 하였습니다. 이 책을 인연하시는 분들께서는 그러한 점들을 유심히 살펴주시길 바랍니다.

지금은 바야흐로 유튜브라는 매체를 무시하고는 불교 포교가 어려운 시절에 살고 있습니다. 유튜브불교대학 생활법문을 하면서 저는 '법문의 현대화'를 잊지 않고 있습니다.

좋은 법문은 진리적인 것을 설하여, 이를 체험케 하는 것입니다. 그 진리적이라는 것이 현실적이라야 합니다. 그렇지 않으면 허공에 구름 잡는 얘기가 되고 맙니다. 더 나아가 현실적인 것은 생활적이 되어야 합니다. 그래서 제 법문의 특징은 생활 속에서 응용되고, 생활 속에서 행복을 찾도록 가르칩니다. 어쨌든, 제 법문의 의도가 어느 정도는 시청자들에게 먹히는 것 같아 다행스럽게 생각합니다.

독자 여러분, 그리고 유튜브불교대학 시청자 여러분! 우리 불교 인구가 많이 줄고 있습니다. 불교 포교의 큰 대안 중 하나가 유튜브를 통한 포교입니다. 제가 늘 말씀드리듯이 100만 구독자가 생기면, 미국 뉴욕의 맨해튼에 한국인이 세우는 최초의 '한국명상센터'가 들어설 것이라고 확신합니다. 이 책이 그런 면에서 크게 도움이 되기를 바라 마지않습니다.

이 유튜브를 통한 생활법문은 제 수행의 일부라고 생각하고 언제까지라도 해 나갈 것입니다. 그리하여 그때그때 정리한 원고를 모아 '無一우학 설법대전' 시리즈로 출간하겠습니다. 우리 독자 및 시청자들께서는 시리즈 전권을 소장하는 재미를 붙여 보시길 바랍니다. 아마 수년 내에 200, 300권이 될 것입니다.

불교를 진정으로 아껴 주시는 불자 여러분!

'無一우학 설법대전'이 불교 가정 가정마다 놓여질 수 있도록 관심 부탁드립니다. 주위에 많이 알려 주시고 법보시(法布施) 해 주시면 감사하겠습니다.

다른 기회에 또 뵙도록 하겠습니다.

관세음보살

무일선원 무문관에서

無一 우학 합장

설법대전(3) 목차

無一우학
說法大典

33
귀신이야기(구병시식)

2020. 04. 02. 세계명상센터 보은전

※ 불교신문 기획연재 '우학스님의 유튜브 불교대학'의 글을 그대로 수록하였습니다. 생생한 우학 스님의 설법은 유튜브에서 확인하시기 바랍니다.

관세음보살. 유튜브불교대학 시청자 여러분, 반갑습니다.

오늘은 귀신 떼기라고 해야 할까요? 구병시식(救命施食)에 대한 얘기를 좀 하겠습니다.

구병시식은 '구명시식(救命施食)'이라고도 합니다. '병으로부터 구제하는 의식' 혹은 '목숨을 구하는 의식'이라고 할 수 있겠습니다.

몸에 신기(神氣)가 있는 경우를 '빙의(憑依) 되었다'라고 표현합니다. 유튜브불교대학 시청자 여러분도 빙의라는 말을 한 번쯤은 들어보셨을 것입니다. 최근에도 어떤 연예인이 빙의가 돼서 할 수 없이 그 귀신을 받아들여 무속인이 되었다는 얘기가 있었습니다. 그런데 몸에 빙의가 되면 살기가 아주 힘듭니다. 자기 정신, 제정신으로 살아도 세상 살기가 만만치 않은데, 빙의가 되어 보세요! 그건 살아도 사는 게 아닙니다. 남의 신이 자기 몸에 들어왔으니 얼마나 불편하고 답답할 노릇이겠습니까! 그 얼마나 살기가 힘들겠습니까? 뭐든지 다 정상적이지 못합니다.

어쨌든 빙의가 되면 증세가 나타납니다. 이유 없이 몸이 아픈 수가 많습니다. 또한 시름시름 아프면서 몸이 꼬챙이처럼 마르는 수도 있습니다. 그리고 실성한 듯이 헛소리를 지껄이는가 하면 헛웃음을 웃을 때도 있습니다. 한편으로는 잠을 시도 때도 없이 자는 수가 있는데, 반대로 잠을 전혀 못 자는 수도 있습니다. 그리고 하는 일이 판판이도 깨질 때가 많습니다. 이러한 증세, 현상은 한 가지 경우로만 나타나는 수가 있고, 복합적으로 나타나는 수도 많습니다.

만일, 가족 중에 이런 사람이 생기면 인연 있는 스님께 안내해서 보여 드려야 합니다. 그래서 구병시식으로 잡신을 떼 내야 합니다. 물론 그전에 병원에 가서 정신과 선생님 등 의사의 전문적인 소견을 먼저 들어야 합니다. 혹시 뇌의 신경전달 물질계에 문제가 있는가를 확인할 필요가 있습니다. 만일 병원에서 원인을 찾지 못한다면, 반드시 스님들에게 꼭 인도할 필요가 있습니다. 구병시식의 의식을 통해 고칠 수도 있으니까 하는 말입니다. 구병시식을 하면 대부분은 정상 회복이 되는 것을 보게 됩니다.

그런데 아이러니하게도 빙의의 주체인 신이 의식을 하는 스님에게 실리는 수가 아주 가끔 있습니다. 잡신이 스님한테 올라붙고 정작 환자는 괜찮아지는 것입니다. 신이 스님 쪽으로 이사를 간 것이 됩니다. 그렇게 되면, 스님은 곧바로 빙의된 사람이 하던 짓을 그대로 합니다. 참 희한한 일이지만 그런 수가 있습니다. 그것은 분명 아주 곤란한 상황입니다. 그러면, 법력이 더 큰 스님이 구병시식을 하여 다시 떼 내 주어야 합니다. 이런 것을 보면, 귀신이 달라붙는 빙의가 확실히 있음을 알 수 있습니다. 요즘 말로 강조하자면 팩트입니다.

아무튼 구병시식이라는 의식을 통하면 그러한 병에 걸린 사람을 반드시 고칠 수가 있습니다. 가끔은 엉겁결에 무속인 집에 가는 수가 있습니다만, 무속인들은 대부분 '신을 받아라' 라고 하는 수가 많습니다. 만약 본인이 그것을 원한다면야 신 받아서 무속인 생활을 하면 되겠지만, 그렇지 않은 경우는 반드시 다른 방법을 찾아야 합니다. 일단, 신을 못 받겠다고 하면 무속인들은 '그래.

그러면, 주저앉혀 주겠다' 라고 합니다. 그렇게 해서 잡신의 난동, 그 빙의된 귀신의 행패를 위무(慰撫), 잘 위로해서 주저앉혀 놓는 경우도 있습니다. 그렇지만 그것은 오래가지는 못합니다. 길면 한 6개월 갑니다. 6개월쯤 지나면 또 잡신이 발동을 합니다. 그리고 그때 귀신은 좀 더 많은 것을 요구합니다. 그러니 무속인 입장에서는 경비를 더 추가할 수밖에 없지요. 음식도 전보다는 더 많이 장만해야 하고, 그 외 부속적인 것도 배 이상 더 갖추어야 합니다. 따라서 잡신을 위로해서 주저앉히는 것은 별로 좋은 방법이 못됩니다. 언제까지라도 그렇게 질질 끌려갈 것을 생각해보십시오. 얼마나 피곤하겠습니까?

만일 빙의가 되었다면 두 가지 중에 하나를 택해야 합니다. 첫째는 무속인이 되든가, 둘째는 구병시식을 해서 신을 떼 내십시오. 그리고 신을 떼 내면, 이 신이 딴데 가서 또 다른 행패를 부리므로 구병시식을 한 직후에는 천도재를 잘 지내줘야 합니다. 잘 천도하여 그 신을 왕생극락케 하는 절차가 마지막입니다. 그런데 문제는 빙의된 잡신이 고집이 세거나 집착이 아주 강하면, 한 번의 의식으로는 안 됩니다. 심지어 두세 번으로도 안 되는 수가 있습니다. 제가 아는 어떤 스님은 일곱 번 만에 떼 내었다고 합니다.

이 구병시식은 법당에서 하는 것이 아니고, 주로 요 사채의 빈방에서 행해집니다. 빙의의 주체인 잡신이 법 당에 들어오는 것을 꺼려하기 때문에 편하게 방으로 불 러서 의식을 하는 것이 맞습니다. 의식을 진행하는 시간 은 깜깜한 밤중입니다. 잡신, 귀신, 영가들은 밝은 낮에 는 못 돌아다닙니다. 밤이라야 활동하기 때문에 시간도 잘 생각해서 구병시식을 해야 합니다. 의식은 꽤나 긴 편 입니다. 아까 말씀드린 대로 구병시식과 법당에서의 천 도의식을 연결해서 하다 보니 시간이 많이 소요됩니다. 위패는 '책주귀신영가(嘖主鬼神靈駕)'라고 쓰는데, 빙 의된 사람의 이름을 빌립니다. 예를 들면, '갑오생 김똘 똘 책주귀신영가' 이렇게 하면 됩니다.

구병시식 중에는 특별한 진언들을 많이 외우게 되는 데, 두 가지만 소개해 드리겠습니다. 첫째는, '소아귀진 언(召餓鬼眞言)'으로 배고픈 귀신을 부르는 진언입니다.

내용은 '옴 직나직가 에헤헤 사바하' 입니다. 또 하나의 진언은 '해백생원가진언(解百生冤家眞言)'으로 백 생 동안의 원한을 풀어주는 진언입니다. 내용은 '옴 아아암 악'입니다. 이 진언을 외우는 시간이 의식의 가장 하이라이트입니다.

이때 의식을 하는 스님들은 빙의된 사람에게 팥을 뿌리면서, 복숭아나무 꼬챙이로 때리기도 합니다. 특별한 퇴마의식이라고 보면 됩니다. 몸에 붙은 잡신, 즉 영가가 모든 집착과 미련을 버리도록 스님들은 이때만큼은 아주 매몰차게 행동하며 염불합니다. 빙의된 사람 몸에서 영가가 완전히 떼졌다는 확신이 들면, 영가 위패를 들고 법당으로 가서 천도재를 하게 됩니다. 이러한 의식은 '불교의 것'이라고는 하지만 우리 일반 신도님들은 거의 잘 볼 수가 없습니다. 왜냐하면 당사자만 와서 밤중에 하기 때문입니다.

그러면, 절에 와서 이러한 구병시식을 하지 않고 잡신을 떼어낼 수는 없을까요? 방법이 있긴 하지만 본인의 의지력이 크게 요구됩니다. 금강경을 완전히 몰입해서

3·7일 독송하면 됩니다. 즉 21일 동안 하루 10시간 이상 외운다면 가능합니다. 처음에는 잡신과 싸우느라 몸의 고통이 이루 말할 수 없습니다. 의지박약한 사람은 초창기에 다 포기합니다. 하지만 이를 잘 견뎌내면, 신 기운은 떨어지고 몸은 정상으로 회복됩니다. 저는 그러한 경우를 여러 명 보았습니다.

만일 혼자 하다가 안 돼서 포기할 정도면 근처 절의 스님을 찾아가십시오. 스님들은 석문의범(釋門儀範)이라는 책을 보고 간단하게 줄인 구병시식으로 거들어 줄 것입니다. 혼자 떼 내려다가 너무 힘들어서 그냥 놔두면 빙의된 잡신이 오히려 힘을 키워서, 나중에는 정말 감당이 안 되는 수가 있으니 유념할 필요가 있습니다.

그렇다면 이러한 신 기운으로 고생하는 사람은 그 원인이나 계기가 어디에 있을까요? 그것을 잘 알아야 빙의되는 것을 예방할 수 있습니다. 간단하게 살펴보겠습니다.

첫째는 삿된 데 너무 많이 다니시면 안 됩니다. 삿된 곳이란 누가 봐도 감이 잡힙니다. 우선, 음침하고 스산한 분위기가 납니다. 아주 오래된 고목나무 아래, 시골 상엿집 근처, 돼지머리 올려놓고 고사 잘 지내는 바위틈, 자살이 빈번한 못 등의 주위는 삿된 기운이 있을 수 있습니다. 21세기 인터넷 시대에 무슨 뚱딴지같은 소리냐고 할지 모르지만, 이러한 장소를 자꾸 왔다 갔다 하다가 낭패를 당하는 수가 더러 있으니 하는 말입니다. 산 기도, 바위 기도, 나무 기도, 물 기도 좋아하시면 절대 안 됩니다. 불자는 정법 제자답게 꼭 법당에 들어가서 기도, 정진하셔야 합니다.

둘째는 신당, 굿당의 출입이 잦으면 빙의될 수가 있습니다. 불가피한 경우에는 스님과 동행하십시오.

셋째는 의지가 너무 약하고 우유부단하면 그럴 수가 있습니다.

넷째는 알 수 없는 큰 병을 앓거나, 또는 어떤 사건으로 인해서 큰 충격을 받은 경우입니다. 심신이 아주 허약한 상태가 되다 보니 주인 없이 떠돌던 영가, 즉 무주고혼(無主孤魂)이 달라붙는 수가 있습니다.

다섯째는 죽은 조상이나 친지에 너무 집착하다 보면,

아주 간혹 빙의가 되기도 합니다. 이미 죽은 사람이면 단념해야 하는데, 매일 울면서 감정을 추스르지 못해 쓰러지기를 반복하다 보면, 급기야는 죽은 사람의 영혼이 실리게 됩니다. 불자(佛子)라면 무상(無常)의 이치를 느끼는 선에서 끝내야지 '나도 데려가라' 라는 식으로 너무 집착하면 안 됩니다.

그러면 빙의가 되지 않으려면 어떻게 살아야 하는가?

사바세계에서의 중생의 삶 자체가 만만치 않은데, 빙의가 되면 더욱더 힘들어집니다. 그러므로 지금부터 하는 얘기를 잘 들으시길 바랍니다.

첫째는 아주 확실하고도 분명한 정법(正法) 불자가 돼야 합니다. 정법 불자에게는 잡신이 범접하지 못합니다.

둘째는 금강경 등 정통 경전을 가지고 수행해야 합니다. 정통 경전으로 독송, 사경하면 빙의를 염려할 이유가 없습니다.

셋째는 심신이 건전해야 합니다. 심신이 불건전하고 옳지 못하거나, 심성이 아주 나약하면 잡신이 뛰어드는 수가 있습니다.

　넷째는 죽은 사람을 사무치게 생각하지 말아야 합니다. 천도재 잘 지내드리고 왕생극락할 수 있도록 기도해 주는 것은 좋은 일이나, 지독한 애착은 절대 안 됩니다.

　이상 빙의 문제, 전반에 대해 살펴보았습니다.

　빙의는 걱정할 것이 못됩니다. 정신 똑바로 차리고 살면 됩니다. 항시수원각(恒時須圓覺), 항시 두렷이 깨어있도록 자신을 늘 살펴십시오.

 내일 다시 뵙겠습니다.
관세음보살

34
다음 세상, 진짜 윤회하는가?

2020. 04. 03. 세계명상센터 보은전

관세음보살. 유튜브불교대학 시청자 여러분, 반갑습니다. 오늘은 '진짜 윤회를 합니까?' 라는 질문에 대한 답변입니다.

'진짜 윤회가 있습니까?' 또는 '진짜 윤회합니까?' 이렇게 많이들 묻습니다. 윤회(輪廻)라고 하면 먼저 '환생한다' 라는 뜻이 있습니다. 육도(六道), 즉 천(天)·인간(人間)·아수라(阿修羅)·지옥(地獄)·아귀(餓鬼)·축생(丑生) 이 굴레를 뱅글뱅글 돈다는 의미에서 '육도윤회(六道輪廻)' 라는 말도 씁니다.

윤회해서 환생한다면 보통은 업력(業力)으로 인해서 오는 수가 있습니다. 그러나 보살의 경우에는 원력(願力)으로 옵니다. 즉, 업력소생(業力所生)이 있고 원력소생(願力所生)이 있다는 말입니다. 삶이라 하는 것은 절대 수직적으로 딱 끝이 지어져 있는 것은 아닙니다. 원(圓) 속에 놓여 있다고 봐야 합니다. 자살하는 사람들 혹은 형편없이 사는 사람들은 이번의 삶이 끝나면 '끝이다' 이렇게 생각을 하는데, 결코 그렇지 않습니다. 죽은 자는 반드시 태어나고, 태어난 자는 반드시 죽습니다. 이

것이 인생 사이클이고 윤회입니다. 우리가 잘 아는 성철 큰스님께서도 윤회에 대해 더러 말씀을 하셨고요. 또 미국의 유명한 심장학자이면서 동시에 초능력자라고도 할 수 있는 에드가 케이시라는 사람이 이 윤회에 대한 자료를 많이 모아 두었습니다.

이렇듯 윤회를 연구하고 채증(採證) 하는 개인과 단체들이 많습니다. 그들이 모은 자료를 보면, 다섯 살 이전의 아이들 중에 간혹 과거 전생의 기억을 가지고 있는 아이들이 있습니다. 아주 어린아이인데 생뚱맞은 소리하는 경우가 종종 있어요. 그게 과거 전생의 기억을 가지고 와서 말하는 수가 많습니다.

자료에 따르면 어떤 아이가 '우리 집은 어디 어디 있었고, 부모님은 누구다' 라고 말해서 직접 찾아가 보면 아이가 말한 그대로 있는 것입니다. 어째 허황하게 들릴 수도 있는데, 사실입니다.

제가 어릴 때는 뉴스거리가 없어서 그랬는지 가끔 그런 것들이 뉴스로도 나왔습니다. 아이 돌잔치에 공부 잘하라고 책을 올려 두기도 하지요. 아기의 형이나 오빠의 책을 돌잔치 상에 올려 두었더니, 공부를 전혀 한 적도 없는 아기가 책을 아주 또박또박 분명하게 읽었다는 내용의 뉴스였습니다. 아주 신통방통한 아이가 났다면서 뉴스에 난 것입니다. 글을 배우지도 않았고 책을 펼쳐 본 적도 없는 아기가 돌 상에 올라온 책을 읽는다면, 분명히 과거 전생의 기억을 가지고 왔다고 봐야 합니다.

　　그렇다면 왜 보통 사람들은 기억하지 못하느냐? 대부분의 사람들은 정자와 난자가 합쳐질 때의 큰 충격으로 인해 과거 전생의 기억을 다 잃어버린다고 합니다. 그리고 과거 전생의 기억을 갖고 있는 아이라 할지라도 한 다섯 살쯤 까지는 그런대로 기억하다가, 차츰차츰 과거 전생의 업을 다 잊어버립니다. 이는 현생의 업이 너무 강하게 다가오니 그렇습니다. 어찌 보면 다섯 살까지는 과거 전생의 사람인지도 모르겠습니다. 왜냐하면 다섯 살까지, 그 어릴 때 기억을 하는 사람은 거의 없다고 하기 때문입니다. 그것도 희한한 일이라고 말들 합니다. 다섯 살 이후로는 기억이 되는데, 다섯 살 이전의 것은 왜 기억이 안 되느냐, 그에 대해서도 상당히 연구해 볼 필요가 있다고 생각을 하는데, 아직까지는 명확하게 밝혀진 것은 없습니다.

아무튼 다섯 살 이후가 되면 현생의 업이 강하게 작동됨으로써 과거 전생의 일은 까마득히 잊어버리는 수가 많다고 합니다.

그렇다면 어떤 법칙에 따라 윤회를 하는 것일까요? 윤회에도 어떤 법칙이 있지 않겠습니까? 어떤 흐름에 따라 윤회를 하는 것일까요?

그래서 제가 나름대로 정의 내리기로 딱 두 가지로 잡았습니다. 첫째는 업의 관성의 법칙이고, 둘째는 업의 호응적 법칙입니다.

먼저 업의 관성의 법칙이라고 하는 것은 업은 진행된 방향으로 계속 진행해 간다는 것입니다. 카르마(Karma), 업(業)이라 하는 것은 습관이 업이 되었기 때문에 진행된 방향으로 흘러갈 수밖에 없습니다. 예를 들면, 이생에서 남자 노릇을 제대로 한 사람은 다음 생에 남자가 되는 것이고, 이생에서 여자 노릇을 제대로 한 사람은 다음 생에도 여자가 될 가능성이 높다는 것입니다. 또 이생에서

농사를 부지런히 지은 사람은 다음 생에도 농부가 될 가능성이 높고, 이생에 장사를 부지런히 잘한 사람은 다음 생에도 장사꾼이 될 가능성이 높다는 겁니다. 이생에서 스님 생활을 잘했던 사람이라면 당연히 다음 생에도 스님 될 가능성이 높습니다. 또 이생에서 교사, 교수로 잘 살았던 사람이라면 다음 생 또한 교직에 있을 가능성이 많다는 겁니다. 또 이생에서 의료진으로 잘 살았던 사람이라면 다음 생에 또한 의료진으로 살 가능성이 많은 것입니다.

사는 지역의 위치도 그렇습니다. 한국에서 태어나서 한국에서만 살았다면 다음 생에도 한국에 태어날 가능성이 많고, 미국에서 태어나서 미국에서 생을 마쳤다면 미국 사람으로 다시 태어날 가능성이 많다는 것입니다. 만약 대단한 원력을 가지고 산다면 한국 사람이 미국에서도 태어날 수 있겠습니다. 예를 들면 일타 큰스님은 법문하실 때 "나는 다음 생에는 미국 사람으로 태어나서, 미국 사람들을 제도하겠다."라는 말씀을 늘 하셨는데, 정말 돌아가실 때는 미국 땅에서 돌아가셨습니다. 어쩌면 지금 미국 땅에 태어나서서 자라고 있을지도 모르겠습니다. 언젠가는 우리가 직간접적으로 일타 큰스님의 후신(後身)을 볼 수도 있겠습니다. 그런 경우는 아주 특별히 원력이 있는 보살, 원력 보살로 가시는 것입니다. 대부분은 그 지역에서 태어나서 그 지역에서 죽었다면, 다음 생 또한 그 지역에서 태어날 수밖에 없습니다. 이 원리는 아주 간단한 것입니다.

저는 지금 감포도량 무문관에만 있습니다. 코로나 사태가 아니었다면 감포와 대구를 왔다 갔다 합니다. 대구에 상주하지는 않고 주로 감포 무일선원에 있으면서 감포와 대구를 왔다 갔다 했어요. 이곳 감포에서 대구에 가고, 또 대구에서 이리 오는 그게 다입니다. 딴 데 갈 데는 거의 없습니다. 가끔 통도사를 가기도 하지만 거의 대구와 감포만 왔다 갔다 왔다 갔다 합니다. 생활 반경이 이렇게 딱 정해져 있습니다.

그와 같이 삶은 지금 지내고 있는 생활 반경을 그렇게 많이 벗어나지 못한다는 것입니다. 따라서 다음 생에도 지금 이생에서 만났던 사람들을 만날 가능성이 많습니다. 그러므로 지금 이생에서 만나고 있는 사람들과 잘 지내야 합니다. 원수지지 말고 다음 생에 지금 만나고 있는 사람들을 만날 가능성이 99퍼센트라고 생각해야 합니다. 이 카르마(Karma), 업(業)이라고 하는 것은 가던 방향으로 갈 수밖에 없습니다.

두 번째는 업의 호응적 법칙이라 했습니다. 업의 호응적 법칙이란 '그런 업은 그런 종류의 업을 끌고 온다'는 말입니다. 불설삼세인과경(佛說三世因果經)이라는 경에 보면 '이러이러한 행위를 하면, 다음 생에는 이러이러한 일이 일어난다'라고 밝히고 있습니다. 그 내용을 몇 가지 그대로 한번 읽어 드리겠습니다.

"금생에 수명이 길고 그 이름을 떨치며 태산같이 높은 사람은 무슨 까닭인가? 전생에 많은 생명을 보호하고, 많은 방생 공덕을 지은 덕분이니라.
금생에 먹고 입는 것이 넉넉지 못해서 살기가 어려운 사람은 무슨 연고인가? 전생에 돈 한 푼 남에게 베풀지 않고, 공덕도 짓지 않은 탓이니라."

이것이 바로 호응적 법칙입니다.

앞서 말씀드렸던 기독교인이며 미국의 유명한 심장
학자이자 초능력자라고도 불리는 에드가 케이시가 윤회
에 대한 책을 여러 권 내놓았습니다. 그중 '윤회의 비밀'
이라는 제목의 아주 유명한 책이 있습니다. 이 사람은 심
령학이나 최면의 기법으로 '어떻게 윤회를 하게 되었는
가?' 라고 하는 데 대한 실질적인 사례, 채증을 많이 했습
니다.

그 책에는 지금 현생에서 맹인인 사람을 두고 '이 사
람은 왜, 어떻게 장님이 되었는가?' 하고 전생을 추적해
보니, 전생에 페르시아 군인으로서 적의 눈을 뽑는 사람
이었다고 합니다. 또 '신체의 병, 소아마비, 빈혈, 천식,
알레르기, 귀머거리 등 모든 병이 전생의 자기 업과 관계
가 있고, 전생의 자기 업에 기인하는 바가 분명하다' 라
고 밝히고 있습니다.

그리고 또 다른 자료를 보면 옛날에는 성경에도 윤회
의 사상이 있었다고 합니다. 콘스탄티누스라는 대제가
있었는데 그 대제 이전에는 성경에 윤회의 이야기가 있

었는데, 그 뒤로 빠졌다는 것이 정설입니다.

따라서 윤회의 이야기는 국가와 종교를 초월해서 존재하는 사상인데 특히 인도, 특히 불교 안에서는 윤회를 직접 인정하고 환생을 바로 받아들이고 있습니다.

윤회란 무엇인가? 바로 인과의 법칙입니다. 인과의 법칙 속에 놓여 있는 것이 윤회입니다. 그러므로 사람이 죽으면 끝이 아니고, 태어나면 반드시 죽는 것입니다. 우리는 태어나면서 곧바로 차별을 겪는 것이 많습니다. 어떤 사람은 돈을 많이 갖고 태어나고, 어떤 사람은 좋은 가문에서 태어나며, 또 어떤 사람은 좋은 부모님 밑에 태어납니다. 길흉화복(吉凶禍福)이 모두 과거의 업에 기인되는 것이 많습니다. 갓 태어난 아이는 이생에 와서 지은 업이 없잖습니까? 모두 다 과거 전생의 업 때문에 그렇게 태어난다는 것입니다.

그렇다면 거꾸로 생각할 수도 있습니다. 다음 생은 어떻게 태어나는가? 죽는 그 순간에 지은 업, 그것이 다음 생에 그대로 갈 것입니다. 그러므로 죽음 직전까지 우리가 닦는 업이 참 중요한 것입니다.

불교에서는 일반적으로 십이연기(十二緣起)라는 것을 얘기합니다. 무명·행·식 등 이러한 12연기를 시간적으로 고찰해 보면, '무명'과 '행'까지는 전생입니다. '식·명색·육입·촉·수·애·취·유'까지를 현생으로 봅니다. 그리고 '생'과 '노사'는 내생입니다. 이렇듯 12연기를 과거생, 현재생, 미래생 이렇게 나누어 보는 입장도 있습니다.

부처님께서도 윤회에 대해서 직접 말씀하신 바가 있고, 12연기 등 교리적으로 100퍼센트 진리라고 받아들여야 할 내용입니다.

욕지전생사(欲知前生事)
과거 생의 일을 알고자 하는가?
현재수자시(現在受者是)
네가 지금 받아 있는 몸, 바로 그것이니라.
욕지내생사(欲知來生事)
네가 내생의 일을 알고자 할 진댄,
현재작자시(現在作者是)
현재 네가 짓고 있는 네 자체를 보라.

'과거 생의 일을 알고자 하면 현재 받고 있는 네 몸을 보면 되고. 미래 생을 알고자 하면 현재 네가 짓고 있는 네 업을, 행위를 보면 알 것이다' 라고 했습니다. 과거, 현재, 미래가 모두 하나입니다. 과거, 현재, 미래가 한 통속으로 연결되어 있다는 말입니다.

우리는 인간의 몸을 받았습니다. 또 아주 운이 좋게도 부처님 법, 정법(正法)을 만났습니다. 지금 이때가 아주 절호의 찬스입니다. 지금 이때 더욱더 열심히 부처님 법 공부하면서 남을 위해서 적선도 하면서 산다면, 현생이 보람 있고 즐거울 것입니다. 하지만 이생에서 좋은 일 한 것, 부처님 전에 공덕 지은 것들이 하나도 빠짐없이 다 저축이 되었다가 머지 않은 다음 생, 또 그 다음 생에 다 쓰이게 될 것입니다. 우리는 언제나 정법 제자로서 늘 보살행을 하는 그런 불자가 되어야겠습니다.

내일 다시 뵙겠습니다.
관세음보살

35
환생, 윤회의 실례

2020. 04. 04. 세계명상센터 보은전

관세음보살. 유튜브불교대학 시청자 여러분, 반갑습니다. 오늘은 환생에 대한 이야기를 하겠습니다.

환생이라는 것은 다시 말해 윤회의 실례라고 볼 수 있습니다. 지난 시간에는 윤회의 원리에 대해서 말씀을 드렸고요. 거기에 이어 오늘은 윤회의 실례, 즉 환생에 대한 말씀을 드리겠습니다.

전 세계적으로 생불(生佛)로 추앙받고 있는 달라이라마(Dalai Lama) 스님을 다큐멘터리 촬영을 위해 인터뷰하며 장시간 뵌 적이 있었습니다. 그때 스님을 만나 뵈면서 '과연 큰스님은 큰 스님이시다' 이런 생각을 한 적이 있었습니다.

현재 달라이라마 스님은 14대 달라이라마 스님입니다. 1대에서 14대까지의 달라이라마 스님이 계셨는데, 이 스님의 영식(靈識), 영혼은 한 분이었다는 겁니다. 즉, 하나의 영혼, 영식이 태어나서 또 다른 몸에 들어가고, 또 태어나서 다른 몸에 들어가고, 이렇게 하기를 14대까지 연결되어 왔다고 합니다. 이는 티베트 불교의 한 특징

이기도 합니다. 무슨 얘기인지 좀 더 자세하게 말씀드리겠습니다.

티베트에서는 고승이 죽을 때가 다가오면 '난 어디즘에 다시 태어나겠다' 라고 말을 하는 모양입니다. 그러면 함께 살던 도반 스님들이 고승이 죽기 전에 말한 그곳에 가서 물색을 하여 그의 후신(後身)을 찾아낸다는 것입니다. 현재의 달라이라마 스님이 13대 달라이라마일 때, 임종 순간이 다가오자 말씀하셨습니다.

"호숫가의 하얀 집에 다시 태어날 것이다."

그래서 13대 달라이라마께서 돌아가신 후 티베트의 스님들은 호숫가의 하얀 집을 찾아서 사방을 다녔습니다. 달라이라마 스님이 2살 때 드디어 스님들이 그 집을 찾아냈습니다. 그래서 13대 달라이라마 스님과 가까이 살았던 스님들이 모두 그 집으로 갔습니다. 그랬더니 2살짜리 아이가 그렇게 반가워하며 맞이했다는 것입니다. 그냥 반가워한 게 아니라 너무 반가워서 어찌할 줄을 모를 정도로 반가워했다고 합니다.

그렇지만 이 아이가 진짜 후신인가 하는 것은 테스트

를 거쳐야 합니다. 테스트라고 하는 것은 예를 들어, 전생에 스님이 가지고 있었던 물건을 다른 물건들과 섞어 놓고 '과거 전생에 사용하던 것을 한번 찾아보라' 라고 하면, 아이는 영락없이 자신이 쓰던 물건을 딱 잡는다고 합니다. 그리고 티베트에 가면 모양은 조금 달라도 한국으로 말하면, 염주 또는 목탁, 요령 등 이런 법구들이 있습니다. 그런 것들을 주면서 '네가 알아서 이걸 가지고 한번 놀아라' 한 뒤에 그 아이가 갖고는 모습을 보면, 과거 전생의 습관이나 버릇이 나오지 않겠습니까? 그러면 '아, 그때 13대 달라이라마 스님도 이렇게 하셨지' 하면서 차츰차츰 인정하며 점수를 계속 가미하는 것입니다.

그러나 아주 결정적인 것은 또 따로 있었습니다. 스님의 시자가 있었지 않았겠습니까? 달라이라마 스님의 시자 정도 되면 좀 특별했을 것입니다. 옆방에 있는 시자를 부를 때면 북을 쳤던 모양입니다. "시자야."라고 부르지 않고 북을 치면 시자가 뛰어옵니다. 그런데 치던 북을 그 2살 아이 앞에 갖다 놓으니까 똑같이 했다고 합니다.

거기서 또 몇 가지 테스트를 추가로 거친 후에야 비

앞으로의 일은 내가 하기 나름,
윤회는 대단한 기회의 순간!

로소 '이 아이는 분명히 달라이라마의 후신이다' 라고 4살 때 완전히 인정을 받고 14대 달라이라마가 되었습니다. 그 이후로 특수교육을 받는 등 공부를 아주 많이 했습니다.

티베트의 수도는 라싸(Lasa)입니다. 그러나 중국 사람들의 행패를 이기지 못하여 수도 라싸에 살지 못하시고, 지금은 인도의 다람살라(Dharamshala)에서 살고 계십니다. 저는 촬영 때문에 티베트의 라싸, 남초 호수 등 달라이라마 스님이 사셨을 법한 티베트의 여러 성지들을 보름 이상 다녔습니다. 또 지금 스님께서 계시는 인도의 다람살라에 가서도 보름 이상 있으면서 스님과 대화를 나눈 적이 있었는데, 앞서 말씀드렸다시피 '세계적인 고승, 살아있는 부처라고 추앙받을 만한 그러한 자질을 갖추신 분이 아닌가' 라는 생각이 많이 들었습니다.

그런데 달라이라마 스님을 스님이 되기까지 가르치는 분을 '링 린포체' 라고 하는데, 이 링 린포체도 환생합니다. 과거 전생에는 나이 많은 스님이었는데, 다시 태어나서 환생하여 지금 살고 있는 것이므로 지금은 청년기 시절을 보내고 있습니다. 이렇게 한 50년을 주기로 달라이라마 스님이 돌아가신 후 환생하시면 링 린포체가 달라이라마 스님을 찾아내고, 링 린포체가 환생하면 달라이라마 스님이 링 린포체를 찾아내고 이렇게 해서 같이 공존하고 있습니다.

이분들은 업력(業力)이라고 하기보다는 원력(願力)으로 오시는 것입니다. 원력소생(願力所生)입니다. 이에 반해 보통 중생들은 모두 업(業), 카르마 때문에 환생하는 수가 많습니다. 업력소생이지요. 우리는 마지못해 업력으로 오는 수가 많지만 대보살들, 고승들처럼 이 세상을 구제하기 위해서 원력소생으로 오는 수도 있다는 것입니다. 업력소생으로 온 것이든 원력소생으로 온 것이든지 간에 환생한다는 것은 공통 사항입니다.

한편, 우리는 지옥, 아귀, 축생, 아수라, 인간, 천상, 이렇게 육도윤회(六道輪廻)를 하는데, 어느 정도 비율로 이 여섯 가지 길에 갈까요?

저는 90퍼센트 인간계로 다시 온다고 봅니다. 많은 경전과 이야기들을 종합해 봤을 때 약 90퍼센트는 다시 인간계로 오고, 약 10퍼센트는 다른 몸을 받는데 아주 극히 나쁜 짓을 하면 지옥에도 갈 것이고요. 반대로 아주 선한 일을 한 사람이면 천상락 또는 극락세계도 갈 수 있을 것입니다.

우리는 죽으면 끝이 아닙니다. 민들레 홀씨가 딴 데 가서 또 자라나듯이, 우리의 아뢰야식(阿賴耶識), 업식(業識)이라고 하는 씨앗이 남게 됩니다. 업식이 꽃씨처럼 다음 생에 날아가서 다시 존재가 된다는 것입니다.

우리나라에도 이런 예가 없지는 않습니다. 불국사와 석굴암을 창건했던 김대성이라는 분의 이야기입니다.

경주 모량리에 대성이라는 이름의 가난한 청년이 있었습니다. 찢어지게 가난했던 그는 남의 집 품팔이를 하면서 근근이 살았습니다. 어느 날 점개라는 스님이 육윤회(六輪會) 법회 때문에 시주를 나왔다가 대성의 집에도 들르게 되었습니다. 그때 대성이라는 청년은 흔쾌히 자신의 전 재산이나 다름없는 작은 밭을 통째로 스님께 시주했습니다. 시주를 하고 얼마 후 그는 죽게 되었는데 시주한 공덕으로 인해 다음 생의 몸 받기를 현재의 경주,

당시 서라벌 안에 있는 재상(宰相) 김문량의 아들로 태어납니다.

대성이 태어나기 전, 재상 김문량은 꿈을 하나 꿨습니다. '모량리의 대성이 너의 집에 태어날 것이다' 라는 꿈이었습니다. 그래서 그가 수소문을 해 보니, 정말 모량리에는 대성이라는 청년이 살았었고, 얼마 전에 죽었다는 것입니다. 그래서 자기 집에 태어날 아들이 그의 후신임을 알게 됩니다.

아무튼 곧 아들이 태어났습니다. 하지만 태어난 아이가 일주일 동안 손바닥을 펴지 않는 것이었습니다. 일주일 후에 아이가 손을 폈는데 그 손바닥에는 손금으로 '대성' 이라고 쓰여 있었습니다. 그것을 본 김문량은 '아, 확실히 이 아이는 그 대성이구나' 하여 전생의 대성이 모시고 살았던 홀어머니를 데려와서 같이 살도록 하였습니다. 김대성은 장성하여 훌륭한 사람이 되어, 아주 높은 벼슬에 올랐습니다. 그리고 후일 회향도 아주 멋있게 했으니, 현생의 부모님을 위해서는 불국사를 짓고, 전생의 부모님을 위해서는 석굴암을 지었다고 합니다.

우리는 이런 이야기들을 단순한 설화쯤으로 치부해서는 안 됩니다. 그 안에는 윤회, 환생에 대한 깊은 철학도 있다는 것을 생각을 해 볼 필요가 있습니다. 윤회하고 환생한다는 것은 분명한 사실입니다. '과거 전생의 업, 즉 카르마라고 하는 것이 있어서 그 업에 기인한 환생은 분명히 있다. 그러므로 나는 지금 같은 몸을 가지고 태어났고, 지금과 같은 환경에 지금 있고, 지금과 같은 신체 조건을 가지고 있는데, 이는 다 과거 전생의 업에 기인한 바가 크다' 라는 것입니다. 어찌 보면 운명이라고 볼 수도 있습니다.

　　하지만 현재의 우리에게는 자유 의지라고 하는 권한도 있습니다. 자유 의지라고 하는 선택권이 있습니다. 그래서 미래, 즉 앞으로의 일은 내가 하기 나름인 것입니다. 과거 전생의 지은 업 때문에 지금까지 사는 모습은 어쩔 수 없었다 하더라도, 미래 생 또는 미래의 많은 일들은 현재 나의 의지와 현재 짓고 있는 나의 업에 분명히 원인이 있다, 현재 짓고 있는 이 업이 발판이 된다는 생각을 분명하게 가져야 합니다. 즉 '모든 것은 현재 내가 하기 나름이다, 나의 인생이 아닌가! 나의 인생, 나의 미래는 현재의 내가 하기 나름이다' 이 생각을 분명히 가져야 한다는 것입니다.

그런 생각을 딱 가지고서 우리는 더욱더 열심히 살아야 합니다. 기도 정진도 열심히 하고, 좋은 일 있으면 적선도 하고, 부처님 전에 공덕도 지으며 열심히 산다면 우리의 미래 그리고 나아가서는 다음 미래 생은 전혀 다른 인생, 전혀 다른 삶이 될 것입니다. 현재 열심히 삶으로써 지금의 생은 물론이고 미래 인생도 좋아지고 잘 될 수 있다는 믿음을 가지고, 우리는 현재를 분명히 잘 살아야겠습니다. 그러므로 윤회는 기회입니다. 윤회는 대단한 기회의 순간입니다. 우리는 지금을 잘 살아야겠습니다.

 다음 시간에 뵙겠습니다.
관세음보살

36
역병을 지혜롭게 이겨내자

2020. 04. 05. 세계명상센터 보은전

※ 불교신문 기획연재 '우학스님의 유튜브 불교대학'의 글을 그대로 수록하였습니다. 생생한 우학 스님의 설법은 유튜브에서 확인하시기 바랍니다.

관세음보살. 유튜브불교대학 시청자 여러분, 반갑습니다.

오늘은 '역병을 지혜롭게 이겨내자'라는 주제를 가지고 말씀을 드리려고 합니다. 이를 주제로 제가 쓴 글이 있습니다. 약 열흘 전에 불교신문에서 코로나19에 대한 특별 원고를 부탁하여 제가 밤새 글을 써서 보낸 것으로써 오늘은 유튜브불교대학 시청자 여러분들과 같이 읽었으면 좋겠다 싶어서 소개해 드리려고 합니다.

법문에 앞서서 먼저 코로나 사태로 인해서 유명을 달리한 많은 분들의 왕생극락을 염원하는 나무아미타불 정근을 잠시 하겠습니다. 모두 마음속으로 나무아미타불을 함께 염송해 주시면 감사하겠습니다.

나무아미타불 나무아미타불 나무아미타불 나무아미타불 나무아미타불 나무아미타불 나무아미타불 원왕생(願往生) 원왕생(願往生) 원왕생(願往生)

돌아가신 분들은 반드시 극락왕생하시기를
간절한 마음으로 기도축원 드립니다.

관세음보살

지금부터 '역병을 지혜롭게 이겨내자'라는 제목의 원고를 제가 찬찬히 읽어 드릴 테니까 잘 들으시면 좋겠습니다.

지금 세상은 코로나19의 대유행으로 정체(停滯)적 혼돈(混沌)에 빠져 있습니다. 제가 회주(會主)로 있는 대구 소재의 한국불교대학 大관음사도 제 31번 신천지 확진자가 나온 이후, 각종 재일 법회와 불교대학 강의가 완전히 중단된 상태입니다. 그리고 3년 정진 결사 도량인 무일선원 무문관 또한 안쪽의 스님들을 염려하여 산문(山門)을 걸어 잠그고, 외부의 대중공양마저 일절 받지 않고 있습니다.

저는 이번 사태를 지켜보면서 작금의 대재앙이 어디서부터 비롯되었는가를 깊이 관찰하였습니다. 자료와 정보에 의하면 코로나바이러스의 숙주는 박쥐입니다. 유튜브를 통하여 확인한바, 박쥐를 먹는 중국 사람들의 먹방 취미에 아연실색하지 않을 수 없었습니다. 코로나

19는 분명 생명 경시의 과보(果報)이자 탐욕이 남긴 화의 결정체입니다.

우리 인간들은 이쯤 해서 자제해야 합니다. 그래서 더 이상 무명(無明)의 늪에 빠져들지 않도록 각성해야 합니다. 공업(共業)의 인드라망적 책임을 다하기 위해서 각자는 가정을 무문관(無門關)으로 삼고, 곰이 사람으로 태어나겠다는 결정심(決定心)으로 정진해야 합니다. 어쩌면 한 템포 쉬다 가는 지금의 상황이 무턱대고 바쁘게 질주했던 우리 인류에게는 전화위복이 될 수도 있습니다.

화제를 돌려, 2500년 전에 석가모니 부처님께서 역병을 물리친 이야기를 소개하겠습니다.

부처님께서 마갈타국의 왕사성 죽림정사에 계실 때였습니다. 릿차위족이 다스리는 이웃 나라 밧지국에서 혹독한 가뭄과 아울러 전염병이 만연하였습니다. 수도인 바이샬리는 왕족들의 숫자만도 근 만 명에 이를 정도로 큰 도시였습니다. 이러한 도시가 하루 수백 명씩 죽어나가는 대재앙으로 그 도시 기능이 마비될 지경에 이르자, 당시 정치 지도자들이 모여 이름 있는 종교 지도자를 초빙하여 당면한 문제를 극복하려 하였습니다.

그런데 국내의 종교인 중에는 해결할 자가 없었습니다. 그래서 급기야는 마갈타국에 머물고 있는 부처님을 모시기로 결정하였습니다. 최대(最大)라는 장자(長者)가 대표로 마갈타국에 들어가서 부처님을 친견하고 밧지국의 사정을 얘기하자 부처님은 흔쾌히 왕림을 허락하셨습니다.

드디어, 부처님께서 국경선이었던 갠지스강을 건너 바이샬리 땅에 막 발을 내딛는 순간에 비가 쏟아지기 시작하였습니다. 기적이었습니다. 3, 4일간 흠뻑 비가 내린 뒤 날이 걷히자, 부처님은 보배경을 설하시고는 아난존자더러 모든 백성들에게 익히도록 하였습니다. 얼마 지나지 않아 역병은 퇴치되고, 바이샬리는 다시 평화스러운 도시가 되었습니다.

여기서 잠시 보배경의 핵심을 몇 군데 살펴보겠습니다.

"온 세상 모든 보배들 가운데, 완전한 정각(正覺)을 성취하신 분보다 고귀한 보배는 참으로 없도다. 부처님은 이 세상 으뜸가는 보배, 이러한 진리로 그대들 행복하길.

　　완전한 고요함에 이르신 부처님, 갈애에서 벗어나 죽음을 초월하니 비교할 수 없는 최상의 높은 경지, 부처님 법은 이 세상 으뜸가는 보배, 이러한 진리로 그대들 행복하길.

　　공양 받을 자격 있는 여래의 제자들, 풍부한 공양 공덕 지으신 성인들, 승가(僧伽)는 이 세상 으뜸가는 보배, 이러한 진리로 그대들 행복하길.

　　어떤 존재들이 여기 함께 왔든지 땅에 있는 것이나 하늘에 있는 것이나, 신들과 인간들에 의해 공경 받는 여래, 붓다에게 예경 하라. 행복이 있기를.

　　어떤 존재들이 여기 함께 왔든지 땅에 있는 것이나 하늘에 있는 것이나, 신들과 인간들에 의해 공경 받는 여래와 법에 예경 하라. 행복이 있기를.

　　어떤 존재들이 여기 함께 왔든지 땅에 있는 것이나

하늘에 있는 것이나, 신들과 인간들에 의해 공경 받는 여래와 승가에 예경 하라. 행복이 있기를."

여기 보배경의 주된 내용은 불(佛)·법(法)·승(僧) 삼보(三寶)에 대한 귀의와 예경입니다. 즉, 귀의와 예경을 통하여 사람들의 불안감, 공포심을 없앴습니다.

다른 경전의 경우입니다만, 우리가 늘 독송하는 반야심경을 보십시오.

"보살들은 반야바라밀다에 의지하므로 마음에 걸림이 없습니다. 마음에 걸림이 없는 까닭에 공포심이 없습니다."

여기에서 '반야바라밀다에 의지한다' 하는 것은 결국 삼보에 의지하는 일이 됩니다.

지금 사람들은 코로나바이러스에 대한 막연한 공포심으로 인해 심히 불안해하고 있습니다. 이럴 때일수록 우리 불자들은 더욱 불·법·승 삼보에 의지하는 예경을 정성껏 드려야 하겠습니다. 그리고 참선, 기도 등 명상 수련을 부지런히 하십시오. 명상 수련을 하게 되면 본래로 공활하고 본래로 맑고 밝은 자성(自性) 자리에 계합함으로 자유감과 더불어 지극한 평온을 얻을 것입니다.

또 다른 얘기입니다만, 어느 한 인터넷 신문 기사에서 "스님들은 아직 한 명도 코로나19에 걸리지 않았다. 이는 사찰들이 국가 시책에 잘 호응했기 때문이다."라고 하였습니다.

그렇습니다. 우리는 국가가 어려울 때, 정부 방침에 충분히 협조해야 합니다. 우리 한국불교는 호국(護國)불교의 전통을 가지고 있습니다. 요즘 보면, 신을 믿는 일부 종교인들이 정부 지침에 어깃장을 놓고 있습니다. 전체 국민의 안녕과 안위보다는 자기 종교만의 이익과 전도에만 혈안이 되어 있는 듯합니다.

이 사바세계는 국가 단위로 돌아가기 때문에 우리나라가 잘 돼야 합니다. 그리해야 나라 속에 있는 개인이나 단체도 잘 되는 법입니다. 지금 상황에 있어서 방심은 금물입니다. 그러한 입장에서 사회적 거리 두기에도 우리 불자(佛子)들은 기꺼이 협조해야 합니다.

오히려 지금처럼 사람을 만나지 않는 상태가 마음공부하기에는 더없이 좋다는 역발상을 해야 합니다. 눈·귀·코·혀·몸·생각, 즉 안이비설신의(眼耳鼻舌身意) 육근(六根)의 문을 굳게 닫고 내면의 세계에 침잠한다면, 무문관 선방 생활을 가정에서 하는 일이 될 것입니다. 사회적 거리 두기가 공부할 수 있는 좋은 기회라는 인식의 대전환은 분명히 긍정적 결과를 안겨줄 것입니다.

　현명한 사람은 닥친 경계를 불평불만하기보다 창조적인 쪽으로 분위기를 되돌려 갑니다. '어느 나라 때문에 이 지경이 되었다. 누구 때문에 큰 손해를 보고 있다'는 등의 피해의식은 더더욱 버려야 합니다. 지금은 딱, 외길입니다. 오직 자숙하면서, 마음공부하면서 이 역병을 퇴치하는 것이 중요합니다.

　우리 불자들은 경전에서 얘기하는 독화살의 비유를 다 기억하고 있을 것입니다. 화살이 어디서 날아왔는지, 이 화살은 누가, 어떤 재료로 만들었는지가 그다지 중요하지 않습니다. 당면한 현실적 문제를 속히 해결하지 않으면 큰일 납니다. 좀 더 우리는 현재적 삶을 살아야 합니다.

국론 분열을 일으킬만한 언사는 조심하고 자제해야 합니다. 불철주야로 우리 국민들을 돌보고 있는 의료진에게 감사한 마음을 가져야 합니다. 일부 몰지각한 언론들이 4.15 총선의 기류에 편승하여 팬데믹 사태를 교묘히 정치에 이용하려 합니다만, 깨어있는 국민들이 이를 막아내야 합니다. 저급하고 책임 없는 일부 정치인들의 지역 헐뜯기 식 망발에도 흔들리지 말아야 합니다. 진정 애국심 있는 불자라면 국가 공동체의 위급함을 절감하면서 지금 정부가 제시하고 있는 사회적 거리 두기에 적극 동참하셔야 합니다.

그래서 본 법사는 집에 머물면서 할 수 있는 열 가지 실참(實參), 실천(實踐)의 방법을 제시하고자 합니다.

첫째, 조석으로 예불 올리기. 예불은 삼보에 대한 예경이자 귀의입니다.

둘째, 매일 108배 하기. 절은 하심(下心)의 수행이자 운동입니다.

셋째, 금강경 독송, 사경하기. 금강경은 스스로를 강하게 하며, 업장을 녹입니다.

넷째, 정근 및 참선하기. 정근 및 참선은 참 자아를 찾도록 합니다.

다섯째, 묵언하기. 가정 무문관의 기본은 가능하면 말을 줄이는 것입니다.

여섯째, 오후 불식(不食) 하기. 오후 불식은 절 무문관의 일종식(一種食)을 흉내라도 내는 일입니다.

일곱째, 뉴스 외 TV 보지 않기. 잡다한 것을 보지 않고 듣지 않는 것이 상책입니다.

여덟째, 주로 채식하기. 시금치 등 녹황색 채소는 면역력을 길러 줍니다.

아홉째, 자연 차(茶) 달여 마시기. 생강, 대추, 구기자, 녹차 등 항바이러스에 좋은 자연 차를 음료수 삼아 많이 마시는 것이 좋습니다.

열째, 불서(佛書)를 읽으며 긍정적 사고하기. 불서는 가히 알 수 없는 힘을 줍니다. 그리하여 긍정적 인생을 살게 합니다.

세상은 무상(無常) 합니다. 모든 일이 그렇듯이 이 상황도 곧 지나갈 것입니다. 너무 조급하게 생각지 말고 집을 무문관 삼아 수행, 정진하다 보면 얻는 것 또한 많을 것입니다.

아무튼 세상이 멈춘 듯 한 시간 속에서 우리는 수행하기에 아주 좋은 기회를 맞았습니다. 이 기회를 놓치지 말고 정진합시다.

차제에 가족의 고마움과 가정의 따뜻함을 느끼시는 시간 되시길 바랍니다. 내 한 사람의 건강이 가족의 건강이며, 모든 국민의 건강임을 재삼 깨달아야 합니다. 가정이 곧 무문관 선방이라는 생각만 하신다면, 이번 집에 머무르며 사회적 거리 두기 실천은 스스로를 더욱 성숙하게 하며 거듭 깨어나는 존재로 만들 것입니다.

시간은 누구에게나 똑같이 흘러갑니다. 시간에 끌려가지 말고, 시간의 주인공으로 자신의 인생을 창조해가는 지혜로운 불자 되시기를 간절히 기도 축원 드립니다.

코로나바이러스는 현재 인류가 극복해야 할 큰 병마입니다. 반드시 퇴치될 것입니다. 우리 모든 법우님들은 자기 위생관리를 철저히 하시기 바랍니다. 머잖아서 우리는 다시 만나게 될 것입니다.

 늘 건강하시고 내일 다시 뵙겠습니다.
관세음보살

無一우학
說法大典

37
신경질을 고치는 법
화 다스리는 법

2020. 04. 06. 세계명상센터 보은전

관세음보살. 유튜브불교대학 시청자 여러
분, 반갑습니다.

유튜브를 통해 제가 하고 있는 이 법문을 들어주시는
것은 '세계를 불국토화 하자' 라고 하는 제 원력(願力)에
동참하는 일이기도 합니다. 그러니 주위에 공유 좀 많이
해 주십시오. 유튜브불교대학이 잘 되면 모든 세계 사람
들에게 불심을 심는 일이 될 것이고, 후일 뉴욕 맨해튼에
한국 절을 짓는 계기도 될 것입니다.

오늘은 '신경질 고치는 법', '신경질 안 내는 법', 다
른 말로 하면 '화 다스리는 법' 에 대해서 말씀을 드리겠
습니다.

화(火)에는 두 가지 종류가 있습니다.

첫째, 속으로 곪아 터지는 화입니다. 이는 우리가 흔
히 말하는 화병(火病)인데, 분노증후군이라고도 합니다.
혼자 속으로 꾹꾹 눌러 참으면서 끙끙거리다가 화가 병
이 된 것을 말합니다. 그런데 이 분노증후군은 한국 사람
들만이 가지고 있다고 합니다. 다시 말하면 한국 사람들
은 화를 근본적으로 없애는 방법을 잘 모른다, 이렇게 말

할 수도 있겠습니다. 미국 정신과 협회에서 자신들의 사전에 분노증후군이라는 단어를 등재하면서, 한국말 그대로 '화병'이라고 썼다고 합니다.

우리는 '감인대(堪忍待)'라는 말을 참 많이 합니다. 감인대(堪忍待), 견디고 참고 기다리라는 말인데요. 겉으로 보기엔 이것이 미덕인 것처럼 보이지만 사실은 이것이 속병이 되게 합니다. 주로 세속에서는 대책도 없이 견디고 참고 기다리라라고 하는데, 사실 이것은 대단히 위험합니다. 속으로 곪아 터지는 화가 뭐가 좋겠습니까? 화를 표출해야 할 때는 그것을 표출해야 하지 않는가 생각합니다.

화의 종류 두 번째로 밖으로 표출하는 화가 있습니다. 이것은 마구 화를 내라는 말이 아니라 화병이 생길 정도라면 차라리 밖으로 화를 표출하는 것이 낫다는 것이지요. 그렇지만 화를 너무 밖으로 표출하다 보면 주변 사람들이 무척 불편합니다.

부처님의 제자, 수보리존자에 얽힌 이야기를 좀 해 드리겠습니다.

수보리존자는 가문이 아주 좋았어요. 수보리존자는 기원정사를 시주했던 수달다장자의 조카입니다. 집안은 좋았으나 수보리존자는 성질이 고약하고 싸우기를 좋아하며 까탈스럽고 신경질을 잘 내는 바람에 다른 이들로부터 왕따를 당했습니다. 자신을 상대해 주는 사람이 없다 보니, 수보리존자는 결국 혼자 외딴 집에 살았습니다.

이렇게 신경질을 부리고 화를 잘 내는 것은 일종의 '사회병(病)'이라고 볼 수도 있어요. 또 전생부터 가져온 습관, 습성이기도 합니다. 정도가 심할 경우에는 '전생병'이라고 말을 할 수도 있어요.

또 태어나서 5, 6세 전에 가정이 지극히 불안정해서 또는 모태에 있을 때 어머니가 불안정해서 정서가 그렇게 고착되는 수도 있다고 합니다. 그러니까 가정환경 때문에 본능적 방어 성격으로 된 것입니다. 그리고 그것이 어릴 때부터 신경질로 자리 잡은 것이죠.

그렇게 홀로 지내던 수보리존자는 기원정사에서 위대한 성자이신 부처님께서 법문을 하신다는 얘기를 듣고는 찾아갔습니다. 부처님의 말씀을 열심히 경청하던 수보리는 그 모든 것이 자신의 문제라는 것을 똑바로 인식하고, 그 길로 출가를 했습니다. 그래서 금강경(金剛經)의 주인공으로까지 등장하는 큰 인물이 된 것입니다.

참 대단한 일이지 않습니까? 출가 전에는 신경질을 어찌나 부리는지 다른 이들과도 정말 많이 싸웠다고 합니다. 요즘 말로 하면 싸움닭이었던 사람이 출가해서 공부를 많이 하고 수행도 열심히 하여, 나중에는 '무쟁제일(無爭第一) 수보리존자', 즉 '다투지 않는 데 있어 으뜸가는 수보리존자', '싸우지 않는데 1등인 제자 수보리존자'라는 말을 들었습니다. 수보리존자가 이렇게 새사람이 될 수 있었던 것은 모두가 다 금강경 등 부처님의 많은 말씀을 듣고 수행을 열심히 한 덕분이 아니겠습니까?

금강경은 '집착을 내려놓아라'라는 것이 주 내용입니다. 금강경의 대의(大意)를 한마디로 말하면 '파이집(破二執) 현삼공(顯三空)이라, 두 가지 집착, 즉 아집(我執)과 법집(法執)을 파(破)하라'입니다. 그런데 수보리존자는 여기에 아주 달통을 한 것입니다. 저는 수보리존자의 이러한 경우가 모든 중생들의 모델이 되지 않을까 생각을 합니다.

그렇다면 수많은 문제들을 안고 살아가는 우리들이 어떻게 하면 마음속에서 일어나는 화를 극복할 수 있을 것인가? 그것에 대해 구체적으로 말씀을 드리겠습니다.

화가 일어날 때는 화가 일어남을 자각(自覺) 해야 합니다. '지금 내가 화를 내고 있구나', '화가 나려고 하는 구나' 하는 것을 딱 알아차려야 합니다. 이 자각하는 것이 대단히 중요합니다.

그다음은 화를 지그시 봐야 합니다. 화를 관 해야 합니다. 그러면 그 화는 햇빛 만난 안개처럼 싹 걷혀 버립니다. 화가 날 때 이를 스스로 체험하셔야 합니다.

다시 말씀드리겠습니다.

화가 날 때는 먼저 '내가 화가 나는구나' 라고 자각해야 합니다. 그것을 분명하게 알아차린 후 또 다른 나, '참나' 가 그 화를 지그시 응시해야 합니다. 그러면 화는 금방 없어집니다.

또는 화를 자각하는 그 순간 곧장 염주를 꺼내 들고서 자비관(慈悲觀)을 하는 방법이 있습니다. 염주를 꺼내 들고서 부처님의 자비스러운 모습을 생각하면서 '관세음보살 관세음보살 관세음보살…' 하는 것입니다. 이렇게 관세음보살님을 외우다 보면, 화가 그냥 싹 사그라집니다. 화와 같은 감정은 10초에서 15초 정도가 지나면 없어진다고 합니다. 그러니 막 화가 치밀 때는 그 순간 얼른 염주를 딱 잡으시라 이겁니다. 염주를 잡고 속으로, '관세음보살 관세음보살 관세음보살…' 하시면 됩니다. 소리 내어도 좋습니다. 염주를 잡고 관세음보살을 외우다 보면 금세 화는 사라집니다.

하지만 이 모든 것들은 사실 미봉책, 임시방편입니다. 근본적으로 화가 일어나지 않아야 하는데, 이미 화가 일어나는 것을 그냥 주저앉히는 일이기 때문입니다. 그렇다면 근본적으로 화가 일어나지 않으려면 어떻게 해야 할까요? 평소에 늘 수행해야 합니다. 평소에 미소관(微笑觀)을 해야 합니다. 부처님의 미소를 생각하면서 늘 관세음보살을 외우고, 절도 하는 등 평소에 수행해야 합니다. 그리하여 금강경의 주인공으로 등장한 수보리 존자처럼 공(空)을 체득해야 합니다. 공을 체득한다는 것은 집착을 완전히 내려놓는 마음공부가 되었다는 것입니다. 평소 수행을 통해 그러한 공부가 되면 화가 일어나지 않습니다. '화를 내지 않아야 하는데' 이런 생각을 내지도 않았는데 화가 일어나지 않는다는 것입니다. 예전에는 조그마한 일에도 마구 화가 일어났지만, 수행을 하고 공부를 하다 보면 똑같은 상황에서도 화가 일어나지 않는 경지에 들어갈 수 있습니다.

한국불교대학에 와서 공부하는 사람들에게 제가 가끔 묻습니다.

"전보다 화가 좀 덜 일어납니까?"

그러면 1년 차 학생 신도님들의 대답이 다르고, 2년 차가 다르며, 3년 차 학생 신도님들의 대답이 다릅니다. 그래서 3, 4년 이상 공부한 신도님들은 "스님, 옛날에는 제가 화를 많이 내서 주위 사람들이 불편해했었습니다. 하지만 지금은 제가 화를 내지 않으니, 주위 사람도 그렇거니와 삶 전체가 너무 편하고 좋습니다." 그렇게 얘기하는 경우가 아주 많습니다. 그러므로 화를 근본적으로 안 나게 하는 가장 좋은 방법은 부처님 말씀을 많이 듣는 것입니다. 즉, 불교 공부를 많이 해야 합니다. 불교 공부 많이 하고, 부처님 말씀 많이 듣다 보면 화가 근본적으로 일어나지 않게 됩니다.

또 듣는 것에만 그치는 것이 아니라, 불교적 수행을 몸소 해야 합니다. 수보리존자가 부처님 말씀도 들었겠지만, 분명히 수행을 많이 했을 것입니다. 수행이라 하면 절, 참선, 기도, 사경 등 온갖 것이 다 수행입니다. 수행을 자꾸 하다 보면 아예 화가 일어나지 않는 경지에 들어갑니다. 우리는 그것을 '인욕바라밀(忍辱波羅蜜)을 성취했다' 라고 말합니다. 인욕바라밀을 성취했다, 즉 완전한 인욕의 완성에 들어갔다는 말입니다.

우리는 수행을 통해 인욕의 완성, 즉 인욕이라는 말 자체가 아예 필요 없는 경지에 들어가야 합니다. 그렇게 되면 그다음부터는 모든 일에 '그저 그러려니' 이렇게 생각이 됩니다. 그저 그러려니 하는 그런 덤덤한 경지에 올라섭니다. 물론 화가 이미 일어났을 때에도 '그저 그러려니 하자' 라는 생각을 하셔야 합니다. 하지만 그것은 이미 화가 일어났을 때, 그 화를 주저앉히기 위한 수단일 뿐입니다. 불자들은 다부지게 경전 공부하고 마음공부 해서 모든 일에 그저 그러려니 하는 경지가 되어야 한다는 말입니다.

우리는 마음공부를 통해 우선 신경질, 화를 다스릴 줄 알아야 합니다. 그리고 더 나아가 화가 애초에 일어나지 않도록 마음공부가 깊어져야 합니다. 그리하여 불교 공부와 불교 수행이 우리 삶에 있어 나 자신의 행복은 물론이거니와 진정 공동체 이익과 행복을 주는 일로 나아가야 합니다.

늘 기도 참선하고, 경전 공부하는 엘리트 불자가 되시기를 바랍니다.

내일 다시 뵙겠습니다.
관세음보살

無一우학
說法大典

38
초간단 제사 모시는 법

2020. 04. 07. 세계명상센터 보은전

관세음보살. 유튜브불교대학 시청자 여러분, 반갑습니다. 오늘은 '초간단 제사 모시는 법'에 대해서 말씀을 드리겠습니다.

한 신도님이 제게, "스님, 스님께서는 절에 부탁해서 제사를 모시면 아주 좋다 하셨지만, 그래도 늘 모시던 제사라서 집에서 제사를 모셔야 마땅하다는 생각을 하면서도, 솔직히 부담스럽습니다. 또 며느리에게도 짐이 되는 것 같고요. 그래도 한 가지 다행스러운 점은 저의 며느리는 저와 같은 불자라는 것입니다." 그리고 물어보시기를 "스님, 집에서 지낼 수 있는 초간단 제사법을 일러주시면 감사하겠습니다."라고 하였습니다.

물론 초간단 제사법이 있습니다. 우선 저의 경우를 말씀드릴 테니, 들어보시고 응용하시면 좋겠습니다.

저는 거의 매일 수행일기를 쓰는데, 무문관 안에서 쓴 글 중에 제사와 관련된 글들이 있어서 한 세 권 정도 가지고 나왔습니다. 하나는 '천일 무문관 수행일기(2) 도고마성(道高魔盛)'이라는 제목의 책이고요. 또 하나는 '천일 무문관 수행일기(4) 회광반조(廻光返照)'라는 책

입니다. 그리고 마지막 '천일 무문관 수행일기(5) 본래
면목(本來面目)' 이라는 책에도 제사와 관계되는 글이 두
어 편 있습니다.

제가 아주 핵심 되는 부분만 읽어보겠습니다. 첫 번
째 '천일 무문관 수행일기(5) 본래면목(本來面目)' 에 나
오는 글입니다.

"오늘이 나를 업어 키워주신 증조모님의 제삿날입니
다. 아주 오랜만에 붓을 잡고 반야심경 한 편 사경하여
불사르며 증조모님의 왕생극락을 발원합니다. 이미 새
몸을 받으셨을 테지만, 더욱 행복한 삶을 바라는 장손의
간절한 마음입니다."

"음력 5월 2일. 살아계실 때 내 아버님의 생일입니다.
그리고 돌아가신 내 어머님의 제삿날입니다. 참으로 기
막힌 인연이라 아니할 수 없습니다. 무문관에서도 나는
고조모, 고조부까지의 기제일을 챙깁니다. 오늘도 정성
껏, 반야심경을 사경해서 부모님의 왕생극락을 발원하
며 불살라 드렸습니다. 모든 조상님들이 내 속에 있고 그

들과 합치합니다."

그다음은 '천일 무문관 수행일기(4) 회광반조'에 나오는 제사와 관련된 글입니다.

"인연의 끈은 길고도 질겨서 장손으로 태어났다는 이유 때문에 우리절에서 할머니 제사를 연년이 지내 드리고 있습니다. 오늘도 대구큰절에서 제사를 모신다는 통보를 받았습니다. 나는 나대로 반야심경 한 편을 붓글씨로 사경해서 왕생극락을 발원하며 불살라 드렸습니다."

이 책에서 얘기하고 있듯이 저는 장손이었습니다. 돌아가시기 전 부모님께서는 저에게 제사를 부탁하셨습니다. "네가 출가했지만 제사는 장손인 네가 잘 모셔다오." 하서서, 제가 "그리하겠습니다." 하고 제사를 맡았습니다.

그래서 대구큰절에서는 제가 어디에 있든지 간에 저의 부모님, 조부모님, 증조부님, 증조모님, 고조부님, 고조모님까지 날짜를 전부 체크해 두었다가, 때가 되면 담당 보살님이 제사를 다 올려드립니다. 그러면 그때 가족들, 친척들도 절에 옵니다. 저도 나가서 잔 한 잔씩 올려드리며 기제일을 정성껏 챙기는 편입니다.

그런데 문제는 제가 무문관 안에서 꼼짝 못 하게 됐을 경우입니다. 나갈 수 없거나 재에 직접 참석할 수 없을 때는 앞서 읽어 드린 내용처럼 반야심경을 잘 사경을 해서는 그것을 불살라 드립니다. 그리고 간절한 저의 바람을 속으로 발원하면서, 때로는 반야심경도 읽어 드리고 금강경도 한 편 독송 합니다.

저는 법식(法食)을 대단히 중요하게 생각합니다. 또 조상들은 법식을 더 좋아한다고 생각합니다. 조상님께 부처님의 말씀을 드리는 것이 더 좋은 것이라 생각합니다. 음식은 드셨는지 안 드셨는지는 우리가 알 길이 없지만, 부처님의 말씀, 진리의 말씀은 우리가 정성껏 외우면 이 에너지는 어디든 다 통하게 됩니다. 비록 돌아가셨다 하더라도, 다시 또 태어나셨다 하더라도, 이 마음의 에너지는 어디든지 다 통합니다. 그러므로 법식이 아주 중요하다고 생각하는 것입니다.

우리나라는 제사상에 음식을 많이 차리는 것을 미덕으로 생각하는데, 그것은 아마 유교의 영향이지 않은가 싶습니다. 남방 불교, 미얀마나 스리랑카, 태국의 불교를 보면, 제사를 지내되 그냥 꽃 한 송만 올립니다. 그들은 제사상에 꽃만 올려 두고 열심히 경전을 외웁니다. 요즘은 한국에도 남방 불교를 공부하고 온 스님들이 더러 그것을 실천 수행하기도 합니다.

　제 도반인 붓다팔라 스님이 그러합니다. 한번은 붓다팔라 스님 절에서 스님의 부친 제사를 올리는 곳에 제가 동참하게 되었습니다. 그때 보니 음식은 차리지 않고, 꽃만 한 송이씩 올리고 정성껏 경전을 독송하더라고요. 제가 봤을 때는 음식만 잔뜩 올려놓고 아무런 의식을 진행하지 않는 것보다는 꽃 한 송이 올리고 경전을 정성껏 읽어드리는 것이 더 낫지 않을까 싶습니다.

　우리 불자님들은 저의 경우들을 참고하셔서 형편에 맞게 하시면 되겠습니다. 만약 기제삿날이라고 하면, 아침에 일찍 일어나서 반야심경 한 편 사경하시면 됩니다. 굳이 붓글씨로는 안 하셔도 되고요. 태울 수 있는 여건이 된다면 한지 같은 데 하셔도 좋습니다. 깨끗하게 사경을 잘 하신 뒤에, 맨 끝에 '왕생극락을 진심으로 발원합니다' 라고 쓰십시오. 음식은 차리지 않고, 아침에 일어나서 또는 하루 중에 반야심경을 잘 사경을 해서 상에 올리면 됩니다.

그리고 또 하나 더 준비하실 것은 위패입니다. 위패를 잘 써서 붙이시면 됩니다. 병풍이면 병풍, 책상이면 책상, 책에 붙여도 되고요. 벽에 붙여도 됩니다. 어디든 위패를 잘 붙이시면 됩니다. 절에서처럼 그런 양식의 위패가 있다면 그대로 하고, 그것이 없다면 그냥 하얀 종이에 길게 잘 쓰면 됩니다. 맨 앞에는 '선 아버지' 또는 '선 어머니' 이렇게 쓰면 됩니다. 선은 '먼저 선(先)' 자로 '먼저 가셨다' 라는 뜻입니다. 보통 '망(亡)' 자를 많이들 쓰는데, 망(亡)은 죽었다는 뜻이잖아요? 그러니 망(亡) 자보다는 선(先)이 좋을 것 같습니다.

한국불교대학 大관음사에서는 '先 ○○○' 이렇게 합니다. 그래서 '선(先) 어머니 ○○○', 좀 더 고상하게는 '先 자모' 이렇게 해도 되고요. 아버지라면 '先 엄부'

또는 '先 아버지' 하면 됩니다. '先 아버지 ○○○ 영가' 이렇게 하면 돼요.

다음으로 재를 지내주는 사람을 표시를 해야 합니다. 예를 들어 아들이면 '행 아들' 이렇게 쓰셔야 합니다. 행 (行)이라는 말은 지금 제사를 모시는, 즉 행해주는 사람을 말합니다. 그래서 '行 아들 ○○○ 복위' 이렇게 씁니다. 복위(伏爲), 윗대 제사를 지낼 때는 반드시 복위라고 쓰면 됩니다. 만약에 증조할아버지를 모시는 경우라면, 먼저 '先 증조할아버지 ○○○ 영가' 이렇게 쓰고, 지내주는 사람은 '行 증손자 ○○○ 복위' 이렇게 쓰면 됩니다. 이렇게 본인과 관계가 되도록 위패를 쓰면 됩니다. 위패가 있어야 반드시 그 인연 고리가 형성됩니다. 그러므로 제일 중요한 것이 바로 이 위패입니다.

그다음으로 중요한 것은 법식(法食)입니다. 법식, 법의 음식, 즉 법을 드리는 것입니다. 법을 음식 삼아 드리는 것이므로 법식이라고 말합니다. 경전을 독송하는 것도 법식이고요. 저처럼 정성껏 반야심경 등을 잘 사경해서 책상 위에 올려놓는 것도 법식입니다. 사경한 것을 잘 올려 두고, 절 세 번 하시면 됩니다. 절 세 번을 올린 뒤에 반야심경을 다시 한번 읽으면 더 좋습니다. 사경한 용지는 나중에 위패와 함께 불사르면 됩니다.

이렇게 하면 음식도 없이 아주 간단하지요? 저 같은 경우에는 이렇게 합니다. 무엇보다도 이것은 법식이므로 음식만 잔뜩 차리는 것보다 백 배 낫습니다. 이와 같은 방법으로 잘 해 드리면 더러 조상님들이 어떤 영감을 주기도 합니다.

법식이 왜 중요한가에 대한 것은 불교의범에도 잘 나와 있습니다. 불교의범 143쪽에 나오는 것을 제가 한번 읽어드릴 테니 잘 들어보십시오. 이것은 장엄염불을 하기 전에 하는 큰 염불입니다.

수아차법식(受我此法食) 하이아난찬(何異阿難饌)
기장함포만(飢腸咸飽滿) 업화돈청량(業火頓清凉)

'수아차법식' 나의 이 법식을 받으소서, '하이아난찬' 아난의 찬과 어찌 다르리오, '기장함포만' 주린 배다 배 부르며, '업화돈청량' 업의 불길은 일시에 청량하도다, 즉 이 법식을 드림으로써 영가가 가지고 있었던 업의 불길은 모두 꺼지고, 아주 시원한 장소, 그런 공간이 된다는 말입니다.

수아차법식(受我此法食)
나의 이 법식을 받으소서.

하이아난찬(何異阿難饌)
아난의 찬과 어찌 다르리오.

기장함포만(飢腸咸飽滿)
주린 배 다 배부르며

업화돈청량(業火頓淸凉)
업의 불길은 일시에 청량하도다.

이처럼 우리가 제사를 아주 법답게 지내면서도 번거롭지 않고, 또 조상 영가와 직접 교감할 수 있는 특별한 방법이 바로 법식입니다. 법식, 즉 경전을 외우고, 경전을 사경하면서 정성을 다하는 것입니다. 음식을 차리기가 번거로우시다면 이렇게 하시면 됩니다.

제가 2, 3일 후에 '그래도 제사 음식을 차리긴 차려야 겠는데, 좀 간소하게 할 수는 없을까?', '어떻게 차리면 좋을까?' (1) 이 문제에 대해서 더 말씀을 드리도록 하겠습니다.

제사는 조상과 공감 또는 교감하는 것입니다. 또한 가족들이 서로 유대할 수 있는 좋은 기회이기도 합니다. 보이지 않는다 해서 무시하거나 등한시하면 별로 좋지 않습니다. 후일 조상을 잘 모심으로써 생기는 공덕(2)에 대해서 말씀드리도록 하겠습니다.

 내일 다시 뵙겠습니다.
관세음보살

참고하시면 좋은 법문

(1) 초간편 제사 음식(설법대전 3)
(2) 조상의 음덕은 있다(설법대전 3)

無一우학
說法大典

39
사주팔자 믿지 말고,
스스로 운명을 개척하라

2020. 04. 08. 세계명상센터 보은전

※ 불교신문 기획연재 '우학스님의 유튜브 불교대학'의 글을 그대로 수록하였습니다. 생생한 우학 스님의 설법은 유튜브에서 확인하시기 바랍니다.

관세음보살. 유튜브 불교대학 시청자 여러분, 반갑습니다.

유튜브불교대학 시청자 여러분의 요청에 의해, 복잡한 교리 얘기보다는 현실적인 삶의 주제를 가지고 말씀을 나누고자 자료를 찾고 있습니다. 오늘 주제는 '사주팔자 믿지 말고 스스로 운명을 개척하라!' 입니다.

30대 젊은 사람이 제게 말했습니다.

"스님, 어디 가서 물어보면, 저는 사주가 안 좋답니다. 뭐든 다 안 된다고 하니, 제가 살맛이 안 납니다."라고 했습니다.

'사주팔자가 도대체 무엇이기에, 청춘의 기를 죽이는가…? 하는 생각을 한 적이 있습니다.

사주(四柱)란 생년 · 월 · 일 · 시를 말합니다. 올해가 경자년이면 경자가 연주(年柱)가 됩니다. 이렇듯이 월주(月柱), 일주(日柱), 시주(時柱)를 세울 수 있습니다. 팔자(八字)란 사주를 세울 때 사용된 천간지지 여덟 자를 아울러 하는 말입니다. 명리학(命理學)에서는 이 사주팔자가 전적으로 운명을 결정한다고 봅니다.

그런데 우리가 합리적으로 생각해보면 여기에는 많은 의아스러움이 있습니다. 예를 들어, 2018년 대한민국 통계청에서 내놓은 자료에 의하면, 우리나라에서 1년에 태어난 신생아 숫자는 326,822명이라고 합니다. 이것을 365로 나누면 하루에 895명이 태어나는데, 이 895명을 다시 12지(支)의 12로 나누면 74라는 숫자가 나옵니다. 즉, '사주팔자가 같은 사람이 하루에 74명이 태어난다.'는 이야기가 됩니다. 그렇다면 이 74명이 사는 모습이 같을까요?

　　아주 탐구심이 강한 어떤 사람이 '과연 나와 사주가 똑같은 사람들이 같은 삶을 살아가고 있을까?' 하고 의문을 가진 뒤 일일이 직접 찾아다니면서 조사를 했답니다. 그랬더니 그 결과가 아주 딴판이었습니다. 직업이 다 다르고, 성격이 다 달랐다고 합니다. 물론, 부모 복도 다르고, 부부연, 즉 부인을 얻는 것도 다르고, 공부 머리도 다르고, 용모도 다르고, 재물 복도 다 달랐답니다. 그리하여 하던 역학(易學) 공부를 다 집어치웠다고 했습니다.

좀 더 리얼한 얘기를 하나 더 해드리겠습니다.

2002년 12월 대통령 선거 때의 일입니다. 그때 대단한 두 분, 즉 새천년민주당 노무현 후보, 한나라당 이회창 후보가 맞붙었습니다. 선거 당일 오후 6시가 거의 다 될 즈음에 한 방송사에서 전국의 역술인들에게 '이번에 누가 대통령에 당선되겠는가?' 라고 물은 내용을 발표하였는데, 그 당시 역술인들의 85퍼센트가 이회창 후보의 당선을 점쳤습니다. 그런데 개표 결과는 노무현 후보의 당선이었습니다.

이런 경우를 보더라도 사주팔자만 가지고 운명을 논한다는 것은 대단히 위험합니다. 사주팔자는 선천운(先天運)을 논합니다. 그런데 우리들의 삶은 후천운(後天運)의 요소들이 함께 작용합니다. 저 개인의 견해로, 후천운의 요소는 다음 여섯 가지입니다. 즉, '노력·환경·적선(積善)·성명(姓名)·조상의 음덕'이 각각 5퍼센트씩 차지하고, 다른 25퍼센트는 '마음의 힘'이라고 봅니다. 마음의 힘은 물론 보이지 않지만 우리의 운명에 결정적 영향을 끼칩니다. 과거의 업으로 인해 50퍼센트

선천운이 사주팔자에 나타났다고 가정한다 하더라도 현재 마음의 힘이 업으로 연결된 그 선천운을 충분히 좌지우지할 수 있다는 것입니다.

바로 그 마음의 힘을 극대화하는 것이 불교적 수행입니다. 가끔 사주팔자가 안 좋아서 출가했다는 스님들이 있는데, 일반적으로 잘 사는 수가 많습니다. 예전에 송광사 방장으로 계시던 구산(九山) 대선사의 전기를 보니 그와 비슷한 이야기가 있었습니다. 어릴 적에 당대의 유명한 역술인이 '세속에 살면 일도 안 되고 단명 한다' 해서 출가를 하였는데, 스님께서 오래 건강하셨던 것은 물론이고, 총림의 방장까지 오르셨으니, 이 역시 불교 수행만이 살길임을 알 수 있는 일입니다.

불교 수행은 마음의 힘을 키우는 일입니다. '마음의 힘'이 운명을 통째로 바꿀 수 있습니다. 따라서 운명을 감정하는데 신경 쓸 것이 아니라, 모든 불자들은 어떻게 하면 마음의 힘을 극대화할 것인가에 초점을 맞추어야 합니다. 마음의 힘을 극대화하는 데는 여러 가지 수행이 있습니다. 참선, 정근기도, 사경, 독송, 절 등입니다.

좀 더 확신을 드리기 위해서 한 가지 예를 더 살펴보겠습니다. 우리가 잘 아는 김구 선생이 17세 때, '어떻게 살면 좋을까?' 고민하다가 마의상법(麻衣相法)이라는 관상 책을 보면서 운명학에 대해 연구를 하였답니다. 수개월 동안 공부를 이어가던 중에 마지막에 적힌 '상호불여신호(相好不如身好) 신호불여심호(身好不如心好)'라는 말에 책을 덮었다고 합니다. '관상은 몸상에 미치지 못하고, 몸상은 심상에 미치지 못한다'는 얘기입니다. 여기서의 심상(心相) 역시 마음의 힘, 마음 에너지를 말하고 있습니다.

제가 다시 말을 만들었습니다. '선천운불여심상(先天運不如心相)'입니다. 선천운, 즉 사주팔자니 관상이니 하는 것은 마음의 상, 즉 마음 에너지에 미치지 못한다는 말입니다.

그렇습니다. 우리는 마음의 근육을 키우고, 마음의 스트레칭을 잘하면 됩니다. 그러기 위해서 세 가지 방법을 제시하고자 합니다.

첫째, 긍정적 심성(心性) 견지(堅持)입니다.

간단히 말하자면, 보살심을 굳게 가지라는 말입니다. 저의 이론으로, 보살이 가져야 하는 여섯 가지 마음이 있습니다. 즉, '6대 보살심론'입니다. '감사합니다, 사랑합니다, 덕분입니다, 제가 하겠습니다, 예 그렇습니다, 미안합니다' 이렇게 여섯 가지입니다. 이러한 보살심, 긍정적 마음이 자기 인생을 윤택하게 한다는 것입니다. 나에게 불성(佛性), 부처님의 성품이 있음을 굳게 믿고 '나는 긍정적으로 살겠다', '나는 긍정적 인생관을 가지겠다'는 생각이 투철해야 합니다.

둘째, 우주적 심성 견지입니다.

우주적으로 심성을 굳게 지니려면, 금강경 수행이 꼭 필요합니다. 금강경을 항상 독송하고 사경하시면 좋습니다. 금강경 첫머리에 보면, "아뇩다라삼먁삼보리심, 즉 무상정등정각을 성취하려면 어떻게 해야 합니까?"라고 질문하는 내용이 나옵니다. 그때 부처님께서는, "'일체중생을 다 제도하리라.' 라고 서원 세우라."고 대답하십니다. 이렇게 서원을 세워야 깨달음도 얻고, 인생도 달라진다는 것입니다. 그것이 바로 우주적 심성 견지, 즉 우주적으로 그 마음을 굳게 지니는 것입니다. '일체중생을 내가 다 제도하겠다', '내가 나보다 못한 이웃을 위해서 살겠다', '내가 지옥 중생까지 다 제도하겠다' 이 얼마나 스케일이 큰 일입니까.

이처럼 우주적으로 크게 마음을 내면, 우리의 삶은 확연히 달라집니다. 근원적, 근본적으로 달라질 수밖에 없습니다. 이러한 마음의 힘이라면 과거 전생의 나쁜 업도 다 녹여가면서 살아갈 수 있습니다. 우주적 심성 견지가 얼마나 중요한 지 이해가 되리라고 봅니다.

마지막 셋째, 이 세 번째가 가장 중요합니다. 셋째는 결정적 심성 견지입니다.

우리는 결정심(決定心)이라는 말을 자주 쓰곤 합니다. 결정심 또는 결정적 심성이란, '수행을 통해서 나의 업을 모두 갈아엎겠다' 는 것입니다. '다부지게 수행하여 전생부터 쌓아온 이 업을 갈아엎고, 전혀 새로운 나로 태어나겠다.' 라는 서원이 결정적으로 그 마음 가운데 자리해야 합니다. 그것이 진실한 결정심입니다. 다시 반복해서 말씀드리면, '나는 전혀 다른 인생을 살아야겠다.

그러기 위해서 나는 과거의 업까지 녹일 수 있는 마음공부를 아주 다부지게 하겠다'라는 결정심이 있는 사람은 분명히 전혀 다른 빛깔의 삶을 살아갈 수 있습니다.

수행은 곧 음식을 숙성시키는 과정과 비슷합니다. '중생의 나'를 잘 숙성시키면 '부처의 나'로 거듭날 수 있습니다. 숙성이란 현재 나의 기질을 완전히 죽이는 것입니다. '대사일번 절후소생(大死一番 絶後蘇生)'입니다. 즉, '크게 한번 죽어야 다시 태어난다'라는 이 말을 늘 염두에 두어야 합니다. 세간에 흔히 쓰는 말로 절처봉생(絶處逢生)이 헛말이 아닙니다. 막다른 길에서 새롭게 태어나는 것입니다.

그러니까 '나는 사는 것이 좀 힘드네…' 또는 '나는 업장이 좀 두텁네…' 등 이런 생각이 드는 사람은 죽는 것을 각오하고, 삼천배라도 수십 번 해볼 일입니다. 아니면, 무문관에 틀어박혀 몇 개월이고 스님들처럼 면벽참선도 해봐야 합니다. 그렇게 하지 않으면 인생 전체를 완전히 갈아엎을 수가 없습니다.

180도 달라진 삶은, 불퇴전의 용기를 가지고 부단히

정진할 때 가능합니다. 수행은 절대 일회성 내지는 말뚝 신심으로는 그 효과가 나타나지 않습니다. 결연한 각오로 꾸준히 하기만 하면 사주팔자, 관상의 선천운은 뛰어넘을 수 있습니다.

지금까지 말씀드린 세 가지를 마음속 깊이 잘 받아들인다면 분명히 성공적인 인생을 구가할 수 있습니다. 마음이 창조주입니다.

심시조주(心是造主)! 제가 지어서 자주 쓰는 말입니다. 운명을 탓할 것이 아니라 운명을 창조해가는 불자 되시길 기도 축원 드립니다.

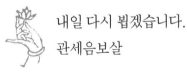

내일 다시 뵙겠습니다.
관세음보살

無一우학
說法大典

40
내 운명을 바꾸는 길

2020. 04. 09. 세계명상센터 보은전

관세음보살. 유튜브불교대학 시청자 여러
분, 반갑습니다. 오늘은 전 시간에 이어서
운명에 대한 얘기를 좀 더 하겠습니다. 오늘 법문의 제목
은 '운명을 바꾸는 길' 입니다.

불교는 분명히 전생을 얘기합니다. 불교가 전생을 얘
기하는 것은 사실이나, 그것은 결코 운명론(運命論)에
빠지라는 것이 아닙니다. 그것을 참고해서 '창조적 인생
을 살아라', 즉 '운명을 개척하는 사람이 돼라' 라는 것
입니다. 그러므로 '내 사주팔자가 그렇다고 하니, 난 아
무리 해봤자 이렇게 밖에는 못 살겠구나' 그래서는 안
된다는 말입니다.

제가 말씀드렸지요? 2018년도 자료 기준으로 한날한
시에 태어난 사람이 74명이나 있다고 말이죠. 즉, 나와
동일한 사주를 가지고 있는 사람이 74명이나 된다는 것
입니다.

옛날 아이를 많이 낳을 때를 생각한다면, 같은 사주
가 100명은 족히 될 것입니다. 그렇다면 이 100명이나
되는 사람이 모두 똑같은 모습으로 사느냐, 그것을 조사

해 보니 모두가 똑같은 모습으로 살지는 않았다고 합니다. 그러므로 사주팔자는 그냥 참고로 할 뿐이지, 그것을 전적으로 믿어서는 안 됩니다.

혹시 사주팔자, 역학을 전문으로 하는 사람들은 제가 말씀드렸던 현생에서 '내 인생을 가꾸어 가는 다섯 가지 요소, 즉 후천운을 결정하는 다섯 가지 요소' 그것을 잘 참고해서 보셔야 합니다. 이 사람이 어떤 환경에서 자랐으며, 이 사람은 어떤 노력을 하며 사는지 등 그 다섯 가지를 잘 파악해서 보셔야 합니다. 무엇보다 가장 중요한 것이 바로 그 사람의 심성(心性) 상태입니다. 그 사람의 심성 상태를 잘 살펴보셔야만 정확한 감정이 나올 수가 있다는 것입니다.

물론 음양오행(陰陽五行)이 대단히 중요한 학문임에는 틀림이 없습니다. 그래서 한의학에서도 다소 응용을 할 때가 있고, 작명할 때나 남녀가 결혼을 할 때도 참고를 할 수는 있습니다. 그러나 운명이라는 것은 절대로 단순히 사주팔자만 가지고 가늠할 수 있는 것이 아님을 제가 재차 강조해서 말씀을 드립니다.

제가 TV를 보면서 '사주팔자만 보고 운명을 보는 것은 대단히 위험한 것이구나' 라는 것을 절감한 적이 있었습니다.

　때는 2002년 12월, 대통령선거가 있었습니다. 그때 당시 대통령 후보 중에 한나라당 이회창 후보와 새천년민주당 노무현 후보가 맞붙는 아주 대단한 빅 이벤트가 있었습니다. 드디어 6시가 되었어요. 투표가 종료되는 시간인 6시가 되면 모든 방송사에서 여론조사 및 예측 결과를 내어놓지 않습니까? 6시가 되기 전 한 방송사에서 전국 역술인들에게 누가 대통령에 당선이 되는지에 대해 물어보고, 그들의 의견을 정리한 영상을 내보냈습니다. 그때 역술인들의 85퍼센트가 이회창 후보가 된다고 하였고, 15퍼센트가 노무현 후보가 될 것이라고 대답했습니다.

　그런데 2, 3분 후 6시가 되어 발표된 예측 결과에서 대 이변이 일어났습니다. 노무현 당시 후보가 2, 3퍼센트 간발의 차이로 대통령이 될 것이라는 예측 결과가 나온 것이었습니다. 다들 난리가 났었습니다. 하지만 막상 뚜껑을 열고 보니 이회창 후보가 먼저 나아갔습니다. 몇 표 차이로 계속 앞서갔어요. 그런데 9시쯤 되니까, 이것이 뒤집어지기 시작해서 결국에는 노무현 후보가 이회창 후보를 누르고 대통령에 당선되었습니다.

그때 '역학이라는 것도 우리 인생살이에 참고만 할 뿐, 확률적으로 조금 볼 뿐, 절대 매달려서는 안 되겠구나' 라는 것을 제가 아주 깊게 생각하였습니다. 저도 종교 전문가이다 보니 '역학의 구조가 어떤 건가, 명리(命理)라는 학문은 과연 어떤 것인가?'에 대해 나름대로 연구해 본 바가 있었습니다. 그렇다 보니 그때 그 상황을 보면서 역학이라는 것에 대해 다시금 생각을 깊게 하고, 각성한 것입니다.

사주팔자는 선천운(先天運)입니다. 그런데 이 선천운만 가지고 사람의 운명을 본다면 그것은 절대 맞지 않는다고 봐도 무방합니다. 왜냐하면 사람의 운명에 영향을 미치는 것에는 선천운만이 있는 것이 아니라 후천의 운, 즉 후천운(後天運)이 절반을 차지하기 때문입니다. 즉, 사람의 운명을 결정하는 것은 선천운이 50퍼센트, 후천운이 50퍼센트라는 것입니다. 후천운 가운데서도 또 절반 25퍼센트를 차지하는 중요한 것은 무엇인가? 그것이 바로 마음의 상, 심상(心相)입니다. 마음의 힘, 마음 에너지라는 것입니다.

우리가 잘 아는 김구 선생은 17세 때 '어떻게 살면 좋을까?'에 대해 깊게 생각했습니다. 그래서 두문불출하면서 '마의상법(麻衣相法)'이라는 관상 책을 보며 운명학(運命學)에 대해서 연구를 했습니다. 수개월 동안 공부를 계속 이어가던 중 마지막에 적힌 '상호불여신호(相好不如身好)'라는 말을 보게 되었습니다. 이 말은 '관상이 좋은 것은 몸상, 골상이 좋은 것만 못하다'라는 말입니다. 다시 말해, 관상은 골상에 비해서는 믿을 게 못 된다는 것입니다. 그리고 뒤이어 '신호불여심호(身好不如心好)'라는 구절이 나옵니다. 이는 '몸상, 골상이 좋은 것은 마음이 좋은 것만 같지 못하다'라는 뜻입니다. 이 말인즉 몸이 좋은 것보다 마음 좋은 것이 더 좋다는 말입니다.

김구 선생은 이러한 글귀를 보고는 책을 덮었다고 합

107

니다. 김구 선생의 자서전에 '그렇다면 내가 심상(心相)을 잘 가꾸어서 살면 될 일이지, 선천적인 운명에 매달려서 뭐 하겠느냐?' 라는 얘기가 나옵니다. 이 이야기에서도 알 수 있듯이 심상(心相), 즉 현재 마음의 바탕, 현재 마음의 상, 현재 마음의 에너지가 대단히 중요한 것입니다.

그래서 제가 억지로 다시 말을 만들어 보자면, '선천운불여심상(先天運不如心相)' 이라고 할 수 있습니다. 선천운불여심상, 사주팔자나 관상과 같은 선천운은 심상, 즉 마음의 상에 미치지 못한다. 즉, 마음의 상이 가장 으뜸이라는 결론이 나오는 것입니다. 그래서 김구 선생은 '그렇다면 그러한 잔기술은 필요 없다. 마음의 상, 심상을 잘 가꾸는 수행으로 나아가야겠다' 하여 다른 것들은 다 버렸습니다.

그렇습니다. 우리는 마음의 근육을 키우고, 마음의 스트레칭만 잘 하면 됩니다. 그래서 제가 마음의 근육을 튼튼히 하고, 마음의 스트레칭을 잘하기 위해 꼭 필요한 세 가지 요소를 정리하여 이론으로 세웠습니다.

'無一 우학 스님의 마음 근육, 마음 스트레칭 세 가지 방법' 입니다.

첫째, 긍정적 심성 견지입니다. 긍정적 심성을 굳게 지니라는 것입니다. 간단하게 말하면 '보살심(菩薩心)을 가져라' 이 말입니다. 긍정적 심성 견지, 즉 제가 늘 말씀드리는 보살의 6대 보살심, 보살이 가져야 하는 여섯 가지 마음을 꼭 지니고 있으라는 것입니다.

보살의 6대 보살심은 '감사합니다. 사랑합니다. 덕분입니다. 제가 하겠습니다. 예, 그렇습니다. 미안합니다' 이렇게 여섯 가지입니다. 이 중에서 '감사합니다, 사랑합니다, 덕분입니다' 까지만 하셔도 됩니다. '감사합니다, 사랑합니다, 덕분입니다' 이것이 보살이 가져야 할 마음입니다. 이러한 긍정적 마음이 자기 인생을 바꾼다는 것입니다.

아유불성(我有佛性)이라, 나에게 부처님 성품이 있다고 했습니다. 이보다 더 좋은 말이 어디 있겠습니까? 나도 부처님이 될 가능성이 있고, 부처님의 씨앗이 나에게 있다 하였는데, 이 인생이 좋게 되지 않고 나쁘게 될 이유가 어디 있겠습니까? 다 좋게 되는 것입니다. 따라서 이 긍정적 심성 견지가 매우 중요합니다. 언제 어떤 경우라 할지라도 '나는 긍정적으로 인생을 살겠다, 나는 긍정적 인생관을 가지겠다' 이 생각이 투철해야 합니다. 그래서 제가 견지(堅持)라는 말을 썼습니다. 견지, 즉 굳게 지니라는 것입니다.

내 마음을 늘 긍정적으로 지니다 보면 그 생각의 빛깔이 밝아지고, 그렇게 하면 인생 살아가는 것이 달라집니다. 이는 말로만 해서 될 일이 아니고, 정말 진정으로 그런 마음을 가져야 합니다.

두 번째는 우주적 심성 견지입니다. 그 마음을 우주적으로 굳게 지니라는 것입니다. 요즘 금강경을 많이들 독송하시고 금강경적 수행을 많이 하시는데, 아주 좋은 일입니다. 금강경 첫머리에 보면, '아뇩다라삼먁삼보리심(阿耨多羅三藐三菩提心)을 발한 사람은 어떻게 해야 합니까?', 그리고 '제가 아뇩다라삼먁삼보리심, 즉 무상정등정각(無上正等正覺)을 성취하려면 어떻게 해야 합니까?' 이렇게 질문하는 내용이 나옵니다. 그때 부처님께서는 "'일체중생을 다 제도하리라' 라고 서원 세우라." 라고 대답하십니다. 즉, 일체중생을 내가 다 제도하겠다는 서원을 세워야 깨달음도 얻고 인생도 달라진다는 것입니다. 그것이 바로 우주적 심성 견지, 즉 우주적으로 그 마음을 굳게 지니는 것입니다.

'일체중생을 다 제도하겠다', '나보다 못한 이웃을 위해서 살겠다', '지옥 중생까지 다 제도하겠다' 등 이와 같은 것들은 그 얼마나 스케일이 큰 일들입니까? 그렇게 우주적으로 크게 마음을 내면 우리의 삶은 확연히 달라집니다.

'나는 내 마음의 스케일을 우주적으로 아주 크게 가지겠다' 라는 생각을 가지고 서원을 크게 세운 사람의 삶은 근원적, 근본적으로 달라집니다. 또 이러한 에너지의 힘으로 과거 전생의 나쁜 업도 다 녹여가면서 살아갑니다. 그러므로 우주적 심성 견지가 대단히 중요한 것입니다.

마지막 세 번째가 가장 중요합니다. 세 번째는 결정적 심성 견지입니다. 우리는 결정심(決定心)이라는 말을 쓰곤 합니다. 결정심 또는 결정적 심성이란 수행을 통해서 나의 업을 모두 갈아엎겠다는 것입니다. 수행을 통해서 내가 지금까지 전생부터 닦아 온 업을 갈아엎고, 전혀 새로운 나로 태어나겠다는 것이 마음 가운데 자리해야 합니다. 그것을 결정심(決定心)이라 합니다. '나는 전혀 다른 인생을 살아야겠다. 그리하기 위해서라도 나는 과거의 업까지 녹일 수 있는 마음공부를 아주 다부지게 하겠다' 이러한 결정심이 있는 사람은 분명히 전혀 다른 삶을 삽니다. 현재의 나, 현재 중생의 나를 잘 숙성 시켜야 합니다. 숙성시키는 과정이 바로 수행입니다. 숙성시키는 과정 없이는 절대로 전혀 다른 나를 만들어 낼 수가 없습니다.

우리는 '대사일번(大死一番)이라야 절후소생(絶後蘇生)'이라, 즉 '크게 한 번 죽어야 다시 태어난다' 이 말을 늘 생각해야 합니다. 세간에서는 '절처봉생(絶處逢生)'이라는 말을 하기도 합니다. '막다른 길에서 새롭게 태어난다' 라는 말입니다. 그러니까 '사는 것이 힘드네' 또는 '나는 업장이 두텁다' 이러한 생각이 드는 사람은 죽는 것을 각오하고 삼천 배도 몇 번 해 보고, 철야 기도도 몇 번 해 보고, 무문관에 들어와서 참선도 하며 현재 인생 자체를 완전히 갈아엎으려는 그런 대단한 각오가 있어야 합니다. 그리하면 삶이 180도 달라질 것입니다.

그래서 불퇴전의 용기를 가지고 부지런히 마음 수행을 해야 하는데, 그것이 일회성으로 그쳐서는 안 됩니다. 꾸준하게 가야 합니다. 그러므로 본인이 꾸준하게 할 수 있는 기도, 마음 숙제를 딱 정리해서 평소에 늘 하시되 일주일에 한 번씩, 한 달에 한 번씩, 토요일이나 일요일 등 날 잡아서 아주 다부지게 해 봐야 합니다.

그렇게 하다 보면 결정적 심성 견지, 즉 '어떤 경우도 나는 물러나지 않겠다', '어떤 경우라도 완전히 숙성된 나의 모습을 보겠다' 이러한 마음을 굳게 지니게 됩니다. 그러면 사주팔자와 관상을 뛰어넘는 엄청난 일을 스스로 체험하게 될 것입니다.

첫째, 긍정적 심성 견지, 보살심을 굳게 갖기.
둘째, 우주적 심성 견지, 내 마음을 우주적으로 굳게 갖기.
셋째, 결정적 심성 견지, 어떤 경우라 할지라도 현재

의 나가 아닌 공아(空我), 진리적 나로 숙성시키겠다는 각오를 굳게 갖기.

이렇게 세 가지만 잘 한다면 100퍼센트 자기가 하고자 하는 일을 하고 전혀 다른 인생, 보람 있는 인생을 가꿀 수 있을 것입니다. 그래서 마음의 에너지, 군건한 심성은 전생의 업조차 좋게 숙성시켜 성공적인 인생을 살게 합니다.

제가 만든 말 중에서 '심시조주(心是造主)' 라는 말이 있습니다. 심시조주, 마음이 창조주라는 것입니다. 마음이 창조주입니다. 창조의 주인공은 바로 마음입니다. 그러므로 마음에 대한 믿음을 가지고, 아까 제가 말씀드렸던 세 가지 심성 견지, 그러한 굳은 마음으로 인생을 잘 이끌어 간다면 아주 특별한 인생이 될 것입니다. 운명을 탓하지 말고, 운명을 개척하고 창조해가는 불자가 되시길 바랍니다.

 내일 다시 뵙겠습니다.
관세음보살

無一우학
說法大典

41
초간편 제사 음식

2020. 04. 10. 세계명상센터 보은전

관세음보살. 유튜브불교대학 시청자 여러분, 반갑습니다. 오늘은 며칠 전에 이미 예고해 드린 대로 '초간편 제사 음식'에 대해서 말씀을 드리도록 하겠습니다.

예로부터 우리는 관혼상제(冠婚喪祭)를 대단히 중요하게 생각했습니다. 어떻게 보면 관혼상제가 곧 인륜지대사(人倫之大事)입니다. 관혼상제라 하면 관례(冠禮), 혼례(婚禮), 상례(喪禮), 제례(祭禮)를 말합니다. 이 중에서도 제례, 제사에 대한 얘기를 요즘 나누고 있습니다.

제사 예법은 대단히 중요합니다. 사실 제사 지낸다는 그 자체가 아주 중요한 것입니다. 그런데 요즘 가족의 형태가 핵가족화가 되고, 또 서양에서 들어온 종교의 영향 등으로 인해 제사를 지내지 않는 경우도 참 많고, 제사 예법의 중요성에 대해서도 많이 무뎌졌습니다. 아무리 세월이 변하더라도 기본은 반드시 지켜야 하는데, 그것이 망가지고 있는 것이 참으로 안타깝습니다.

옛날부터 내려오는 말 중에 '생거진천(生居鎭川) 사거용인(死居龍仁), 살아서는 진천에 살고 죽어서는 용인에 머물러라' 이런 말이 있습니다. 이설(異說)이 좀 분분한 것이 사실입니다마는, 이 말이 나오게 된 배경과 관련된 이야기를 간단히 해 드리겠습니다.

옛날에 두 형제가 살았습니다. 형은 용인에 살았고, 동생은 진천에 살았습니다. 그런데 이 두 형제가 어머니 한 분을 두고 서로 모시겠다고 아웅다웅 한 모양입니다. 아주 좋은 일이지요. 원래 어머니는 진천사람이라 동생과 함께 진천에 살고 있었습니다. 형도 원래는 진천에 살았으나 사업이나 무슨 일로 인해 용인에 가서 살게 된 겁니다.

아무튼 용인에 가서 살고 있던 있는 형이, "이제 내가 어머니 모실테니 네가 양보해라."라고 동생에게 말했습니다. 형제는 이 일로 아웅다웅하였습니다. 진천에 살고 있는 동생이 말합니다.

"형님, 아무리 우리끼리 이렇게 실랑이해봤자 답이 나오진 않을 듯하니, 진천 군수한테 가서 물어보고 그의 결정에 따릅시다."

그래서 두 형제는 진천 군수를 찾아갔습니다. 사연을

들은 진천 군수가 말했습니다.

"산 분을 모시는 것도 중요하고, 돌아가신 분을 모시는 것도 아주 중요하다. 지금은 이미 동생이 어머님을 모시고 있지 않은가? 그러니 살아서는 동생이 모시고, 어머니께서 돌아가신 이후에는 형이 모셔라. 돌아가신 분을 모시는 것도 살아있는 분 모시는 것 못지않게 매우 중요하다."

그렇게 군수가 판결을 하였다고 합니다. 참으로 명판단인 것 같습니다. 그래서 생거진천(生居鎭川) 사거용인(死居龍仁)이라는 말이 나왔다고 합니다.

이 이야기에서 보더라도 살아있는 분을 모시듯이 돌아가신 분을 잘 챙기는 것, 그것 또한 후손들의 도리임을 알 수 있습니다. 또 조상의 음덕을 입는 데에 있어서 이만한 일도 없지 않은가 생각을 하게 됩니다.

그래서 오늘은 바쁘게 생활하는 현대인들이 간단하게 제사상을 차려서라도 반드시 조상님들의 제사를 챙길 수 있도록 간편하게 제사상을 차리는 방법을 알려드리겠습니다.

먼저, 기본적으로 위패는 붙여야 합니다. 위패를 붙여놓고 향 피울 수 있으면 향 한 자루 피우십시오. 그리고 차(茶) 한 잔 올리시기 바랍니다. 아무리 바쁘고 힘들다 해도 차 한 잔 정도는 올릴 수 있잖아요? 청량음료를 올려서도 됩니다. 단, 술은 안 됩니다. 영가라도 술을 먹게 되면 미혹하게 됩니다. 비틀비틀합니다. 그러므로 술은 절대 안 되고요. 술 대신 반드시 맑은 물 또는 청량음료를 올리시면 됩니다. 가족 수 대로 차를 한 잔씩 올리면 됩니다. 차를 한 잔씩 다 올린 후, 가족 모두가 앉아서 반야심경(般若心經)이나 금강경(金剛經)을 한 편 읽으십시오. 그 정도만 하시면 됩니다. 아주 간단하지요?

만일 가족끼리 종교가 다르면, 돌아가면서 각각의 종교의식을 하면 됩니다. 가족 모두가 불자라면 이 정도는 할 수 있어야 합니다.

제가 앞선 법문에서 법식(法食)이 중요하다고 했습니다. 법식, 즉 반야심경 또는 금강경 읽는 것은 대단히 중요합니다. 사실 영가는 음식을 드시기보다는 진리의 말씀을 드시기를 좋아하고, 진리의 말씀만을 드시는 겁니다.

우리가 설, 추석에 차례(茶禮)를 지낸다고 말합니다. 이는 말 그대로 차(茶)와 예(禮)를 올리는 겁니다. 그러므로 차(茶) 한 잔 올리고 절(拜) 세 번 하면, 그것이 차례가 되는 것이고 제사 지내는 것이 됩니다. 제사를 지내고 차례 지내는 것을 너무 어렵게 생각하실 필요가 없습니다. 차(茶)와 예(禮)라 하는 그 본래 뜻대로 하면 됩니다. 그리고 우리는 불자이므로 법식, 경전을 읽고 사경해서 돌아가신 분, 영가께 바치는 일을 최고로 생각하고 수행해야만 합니다.

정리하자면, 우선 위패를 잘 써 두시고 거기에 차 한잔 잘 올리신 뒤에, 절 세 번 하시면 됩니다. 덧붙여서 법식을 올리는 것이 좋으니 절 세 번 한 뒤에는 반야심경이나 금강경을 한 편 읽으세요.

"스님, 절을 왜 세 번 해야 하는 겁니까?"

만일 유교식으로 절을 하면 남자는 두 번 절을 하고, 여자는 네 번 절해야 합니다. 요즘 더러 보면 유교식으로 한다 하면서도 여자도 절을 두 번 하는 경우들이 있는데

요. 그건 유교식이 아닙니다. 유교식은 남자 두 번, 여자 네 번 하도록 되어 있습니다. 거기에도 복잡한 이론이 있습니다. 이론 없이 막무가내로 그냥 하라고 하는 건 없습니다. 그러므로 유교식에서 하라고 정한 절 횟수에도 이론은 있습니다. 하지만 그것은 남녀 불평등의 소지가 있습니다.

불교에서는 남녀 공히 삼 배를 하도록 합니다. 이는 '영가시여, 부디 불(佛)·법(法)·승(僧) 삼보(三寶)에 귀의해서, 불·법·승 삼보의 영험으로 좋은 데 가시옵소서'라고 발원하는 마음에서 삼 배를 하도록 하는 것입니다. 그러므로 절을 세 번 하시면 좋겠습니다.

이 정도로 충분하지만 "스님, 잘 알겠습니다만, 그래도 차 한 잔 올리는 것은 섭섭할 것 같습니다." 그럴 수가 있습니다. 그러면 3색 나물과 3색 과일, 즉 세 가지 과일, 세 가지 나물을 올리시면 됩니다. 올린 나물과 과일은 나중에 음복(飮福)하면 됩니다. 제사 지낸 음식은 먹어선 안 된다는 그런 말은 아예 듣지도 마세요. 먹어도 됩니다. 아무 문제 없습니다. 옛날에는 다 모여 앉아서 제사 지낸 음식을 서로 나눠 먹고, 이웃에도 돌리고 했습니다. 그러니까 자기들이 먹을 요량으로 준비하시면 됩니다. 솔직히 간단하게 3색 과일과 3색 나물 올리시는 게 그리 힘든 일은 아니지 않습니까? 과일은 많이 올릴 필요가 없습니다. 한 세 개씩, 아주 간단하게 하시면 됩니다. 즉, 세 가지 종류의 과일을 각각 세 개씩 준비하시면 충분하다는 말이지요. 3색 과일과 3색 나물을 잘 씻고 다듬어서 정성껏 올리시면 좋습니다.

그런데 나물이 있으니 밥은 올려야 합니다. 그러니까 밥과 국 이 두 개를 같이 올리십시오. 그래도 아주 간단하지요? 세 가지 나물, 세 가지 과일, 그리고 밥과 국 이렇게 준비해 놓고, 식구 수 대로 나와서 한 명 한 명씩 잔 올리고 삼 배 하시면 됩니다. 절이 끝난 후에는 마찬가지로 다 함께 둘러앉아서 반야심경이나 금강경을 읽으시면 됩니다.

혹시 독송하는 음을 잘 못 낼 성싶으면, 유튜브불교대학 '독송편'을 참고하십시오. '우학스님 금강경', '우학스님 반야심경'이라 해서 다 올려져 있습니다. 영상을 틀어놓고 같이 하시면 충분히 하실 수 있을 겁니다.

제가 다시 한번 강조해서 말씀드리겠습니다. 제사는 꼭 지내야 합니다. 형편에 따라서 간단하게 하는 방법도 있으니, 조상님의 제사를 절대 서르시는 마십시오.

지난 시간에도 말씀드렸듯이 대승 경전을 사경해서 올리시면 아주 좋습니다. 금강경(金剛經), 법화경(法華經), 화엄경(華嚴經), 반야심경(般若心經) 등을 영가를 위해 사경하시면 아주 좋습니다. 그런데 이렇게 영가를 위해 사경하고 나서 책을 다 태우기는 너무 힘듭니다. 그럼 어떻게 해야 하는가? 우선 사경한 책을 제사상에 올렸다가 제사를 지낸 뒤에는 보자기에 싸서 높은 데 잘 모셔 두십시오. 한국불교대학의 경우에는 일 년에 두 번 사경 봉안 법회를 하는데, 잘 모셔 두었다가 그런 사경 봉안 법회 때 탑 안에 넣으면 너무너무 좋을 것입니다. 다만 사경책은 그대로 모셔 두셔도 되지만, 위패는 잘 떼서 사르는 것이 좋습니다.

보통 제사를 주관하여 지내는 재주(齋主)인 가족이 따로 있을 것입니다. 하지만 요즘은 형제들이 멀리 떨어져서 있는 경우도 많다 보니 제사라 해도 한 곳에 모이기가 힘든 것이 사실입니다. 재주와 멀리 떨어져 살아서 제사에 참석하기 힘든 경우, 재주는 재주가 알아서 지내는 대로 그대로 두고, 본인도 본인의 집에서 혼자 제사를 지내면 됩니다. 본래 지내는 것은 그대로 놔두고, 본인도 저녁에 작은 상을 차려놓고 제사를 지내도 된다는 말입니다.

　작은 상 위에 위패를 붙이고 잔을 올리든지, 잔을 올릴 형편도 못 되면 앉아서 반야심경을 사경하십시오. 미리 사경해도 됩니다. 어쨌든 그 시간에 반야심경을 한 장 사경하고, 사경한 그 아래에 '아버님 또는 어머님의 왕생극락을 발원합니다'라고 적은 후 삼 배 하시면 됩니다. 혹시나 마음이 좀 더 난다면, 차 한 잔 올리고 삼 배를 해도 좋습니다. 그 정도로는 마음이 좀 허전하다면 아까 말씀드렸듯이 3색 나물과 3색 과일, 밥과 국을 준비해서 올리시면 됩니다. 제사를 책임진 사람, 즉 재주가 있다면 그 사람은 당연히 지내야 하는 것이고요. 피치 못할 사정으로 가지 못하는 사람의 경우, 멀리 떨어져서라도 자기 혼자 추모하고 덕을 기리는 것이 좋습니다. 특히 살아생전에 나와 인연이 깊었던 사람, 살았을 때 많이 본 사람은 더욱 그러합니다. 아버지, 어머니, 할아버지, 할머니 등 그런 분들의 기세일에 마음을 내어 간단하게나마 제사를 모시고 싶다면, 하면 됩니다.

누구는 제사를 지내고 누구는 제사를 안 지내고, 그런 것들은 생각할 필요조차 없습니다. 나는 나대로 성의껏 하면 되는 것입니다. 딸이라 해서 제사를 지내지 않을 이유가 전혀 없습니다. 딸, 아들을 떠나서, 또 제사 지내는 곳까지 갈 수 없는 사정이 있다면, 집에서 위패를 붙여놓고 제사를 지내고 나중에 위패를 사른다면 그것은 대단히 좋은 일입니다.

조상의 음덕은 반드시 있습니다. 하지만 음덕을 받고자 해서 그런 것이 아니라, 우리의 도리를 다해야 한다는 입장에서 말씀을 드리는 겁니다.

그리고 또 하나 더 참고해서 말씀드리겠습니다. 손아랫사람이 죽었을 경우입니다. 부모 입장에서는 자식의 제사를 지내는 것이 가슴 아프잖아요? 그러면 그냥 절에 붙이시면 됩니다. 물론 집에서도 할 수 있습니다. 만약에 본인이 집에서 제사를 지낸다면 위패만 잘 써서 준비하시면 됩니다. 위패를 쓸 때 제사 지내줘야 하는 영가가 아들이면 '先 아들 ○○○ 영가', 제사를 지내주는 사람이 어머니라면 '行 母 ○○○ 기부' 이렇게 써야 합니다. 제사를 지내주는 사람의 이름 뒤에 쓰는 표현으로 손윗사람의 제사를 지낼 때는 '복위'라고 써야 하고, 손아랫사람의 제사를 지내 줄 때는 '기부'라고 써야 합니다.

이렇게 적당하게 자기의 취향과 자기의 능력만큼 상을 차려서 경전도 읽어드리는 등 간단하게 제사를 지내면 됩니다. 다만, 문제는 제사는 절대 거르면 안 된다는 것이지요.

저는 자주 그런 걸 느낍니다. 특히 12월에 저의 고조모님의 제사가 있는데, 그 전날 저한테 암시를 주십니다. 그러면 제가 '아, 제사구나' 하는 걸 직감하게 됩니다. 제가 지방에 있을 때는 대구큰절에서 '오늘 또는 내일이 누구의 제사입니다' 이렇게 연락이 오거든요. 그런데 제 직감과 딱 맞아떨어집니다. 참 희한한 일이지요? 그 점에 대해서도 후일에 시간을 내어 더 말씀을 드리도록 하겠습니다.

만일에 제가 말씀드린 제사상 정도로는 좀 서운하다면, 고인이 생전에 좋아하던 음식으로 더 올리서도 됩니다. 예를 들어, 고인이 생전에 피자를 좋아했다면 피자한 판 올리시면 되고요. 아까 얘기했던 3색 나물과 3색 과일에 피자까지 올려도 되지만 '그럴 필요까진 없다. 이 분은 피자 한 판만 가지고도 잘 드시더라' 하면 피자한 판만 올리서도 충분합니다. 단, 가능하면 육류는 사용하지 마십시오. 고인이 생전에 육식을 좋아했다 하더라도 육류는 빼고 채식으로 올리는 것이 좋겠습니다.

제사라는 것은 생각보다 훨씬 더 중요한 인륜지대사입니다. 내가 지내지 않고 가족 중 대표로 누군가가 제사를 대신 지내더라도 자기의 할 일, 자기 몫은 다 하는 것이 좋습니다. 거창하게 하시라는 것이 아닙니다. 그저 아까 말씀드린 대로만 하시면 됩니다. 그리해서 늘 조상과 교감을 가지면서 후손도 생각하는 현명한 불자가 되시면 좋겠습니다.

제가 마지막으로 좀 덧붙이겠습니다. 이렇게 간단하게 지내는데도 자식들이 제사를 안 지내려고 해서 절에 제사를 맡기려고 한다면, 마지막 제사 또는 마지막 차례 때 조상들에게 고(告) 해야 합니다.

"조상님 또는 아버님, 내년부터는 절에 가서 드십시오. 절로 제가 모시겠습니다."

이렇게 고 하고 절에 위패를 모시면 됩니다. 그 후 절에서 제사 또는 차례를 지내는 데 동참하시면 됩니다.

"아버님, 이제는 절에서 염불 소리도 듣고 하십시오. 거기서 더 잘 모시겠습니다. 내년부터는 절로 오십시오."

이렇게 말씀드리면 영가가 다 알아듣고 절로 옵니다. 그러므로 재주 분들은 그냥 절에 와서 의식하는 데에 동참하시면 됩니다.

절에 모시면 절에서 간단하게 음식도 장만하고, 또 스님들이 지극 정성 염불해서 좋은 데 가시도록, 또 태어났다 하더라도 더욱더 행복한 삶을 사시도록 기도 축원을 해 드립니다.

제사 문제에 관한 법문은 이쯤 하면 될 것 같습니다. 늘 건강하시고 내일은 좀 더 특별한 소재를 가지고 뵙도록 하겠습니다.

 내일 다시 뵙겠습니다.
관세음보살

無一우학
說法大典

42
개고기를 먹지 않는 이유

2020. 04. 11. 세계명상센터 보은전

관세음보살. 유튜브불교대학 시청자 여러분, 반갑습니다. 오늘 말씀드릴 내용은 좀 특별합니다. 바로 개고기입니다. '개고기 먹지 마라' 라는 주제를 가지고 말씀을 드리겠습니다.

"왜 불교에서는 개고기를 먹지 말라고 합니까? 불교와 개가 어떤 특별한 큰 관계가 있는지요?"

이렇게 질문을 해 온 분이 있었습니다. 오늘은 거기에 대해서 답을 좀 드리겠습니다.

왜 우리 인간은 개고기를 먹지 말아야 하는가?

첫째로 개와 사람은 그 인연이 가깝기 때문입니다.

우리가 흔히 불교는 인연법(因緣法)이다, 이렇게 말합니다. 인연이 가까우면 늘 챙겨야 합니다. 인연이 가까운데도 챙기지 않는다면, 그 사람은 아주 나쁜 사람입니다. 어떤 연구에서는 인간과 개가 이렇게 절친해진 것을 1억 4천 년에서 길게는 3억 년 전으로 봅니다. 이를 시대로 따져 보자면 구석기 시대입니다. 구석기 시대에는 사냥을 해서 먹고 살았으므로 그때 개가 필요했던 모양입니다. 그래서 사람들이 개를 훈련을 시켜서 사냥을 시키며 개와 사람이 함께 살았습니다. 사람은 개에게 사냥의 도움을 받고, 개는 사냥 후에 주인집에 와서 편안하게 잠을 자고 먹이를 먹는 등 서로 공생관계에 있었습니다. 그러니까 서로서로 도운 일이 되는 것이지요.

그런데 이제는 상생, 공생의 차원을 넘어서서 사람과 개가 친구처럼 지내는 시대가 되었습니다. 그래서 요즘은 개를 반려견이라고 말합니다. 또 반려동물이라 하면, 으레 가장 먼저 개를 말합니다. 주위에 노보살님들이나 노거사님들이 개에 정을 붙여서 살아가는 분도 많이 있습니다. 장성한 자식은 멀리 나가고, 개랑 같이 살다 보니 친구처럼 의지하여 지내는 것입니다.

그러한 여러 가지 상황들을 봤을 때 개는 우리가 먹어도 되는 가축 정도로 생각해서는 절대 안 된다는 것입니다. 모두 인연 때문에 그렇습니다. 또 옛날부터 개를 의인화하여, 즉 사람처럼 대접해서는 '견공(犬公)'이라고 말하기도 했습니다.

개가 사람과 많이 가까운 것이 사실입니다. 하지만

좀 주의해야 할 것이 있습니다. 개에게 온갖 미사여구를 붙여서 개를 두고, '내가 네 엄마다', 혹은 '네 오빠다' 이런 식으로 말해서는 안 됩니다. 그렇다고 해서 개를 무시해서도 안 됩니다. 왜냐하면 우리는 인연법의 소중함을 아는 불자이기 때문입니다.

두 번째, 개가 윤회의 주체일 수 있기 때문입니다.

윤회의 주체일 수 있기 때문이다, 말이 좀 어렵습니까? 우리는 다음 생이 분명히 있다고 믿고 사는 불자입니다. 그런데 우리가 다음 생에 개로 태어나지 말라는 법이 없습니다. 설화나 많은 인연 이야기들을 보다 보면, 죽은 뒤에 자신의 친척이나 친구 집의 개로 태어나서 같이 살아가는 기막힌 인연도 없지 않아 있습니다.

그 가운데 특별한 얘기가 바로 부처님의 십대 제자 중 한 사람인 신통제일(神通第一) 목련존자의 경우입니다. 목련존자의 어머니가 개로 태어난 적이 있어요. 목련존자의 어머니가 무간지옥에 떨어졌다가, 목련존자의 정성 어린 천도에 의해서 흑암지옥까지 올라왔어요. 다시 또 목련존자의 천도로 왕사성의 개로 태어났다고 했

습니다. 생각해 보면 참으로 기막힌 인연이잖아요. 왕사
성의 개로 태어난 자신의 어머니를 목련존자가 또다시
천도를 잘 해서 나중에 도리천이라는 아주 좋은 세상, 하
늘나라로 올려 드렸다는 얘기가 있습니다.

이처럼 개는 윤회하는 주체로서 우리 가까이에 있을
수 있습니다. 비록 그것이 천만 분의 일의 개연성을 가진
다 할지라도, 윤회하여 내 곁에 와 있을 가능성이 천만
분의 일이라 할지라도, 그러한 가능성을 가지고 있으니
우리는 개고기를 절대로 먹어서는 안 됩니다. 절대로 개
를 잡아서는 안 된다는 얘기입니다.

세 번째, 개는 매우 충직하기 때문에 그렇습니다.

사실 주인을 위해서 목숨을 아끼지 않는 것이 바로
개입니다. 그만큼 의리가 있습니다. 우리 인간들은 자주
인간을 배신하지만 충직한 개는 절대로 인간을 배신하
지 않습니다. 어떻게 보면 인간들보다도 더 나은 점이 있
기도 합니다. 그러니 어떻게 우리가 개고기를 먹을 수 있
겠습니까?

좋은 예로, 경주 최 부잣집과 관련된 이야기가 있습

니다. 경주 최 부잣집 다들 한 번쯤 들어보셨지요? 좋은 일도 많이 했고, 특히나 일제강점기 시대에 많은 독립자금을 조달했던 아주 대단한 집안입니다. 이 집안은 최 부자가 13대 이후 대대로 진사과 벼슬을 했다고 할 정도로 아주 관록이 튼튼한 집안입니다. 오늘 들려드릴 이야기는 13대 이전 최 씨의 이야기입니다. 13대 이전, 즉 진사과 초시 벼슬을 하기 전, 아주 오래전의 최 씨입니다.

아주 오래전에 최 씨 한 분이 개를 데리고 옆 동네 잔칫집에 갔다가 돌아오는 길이었습니다. 술에 잔뜩 취한 나머지 돌아오는 길 도중에 넓은 잔디밭에서 그냥 잠이 들어버렸습니다. 그런데 불이 났어요. 불을 본 개가 주인을 막 깨웠습니다. 하지만 주인이 일어나지 않는 것이었습니다. 개가 얼마나 당황스러웠겠습니까! 이제 주인이 곧 다 타 죽게 생겼습니다. 그런데 주인이 잠들어버린 들판에서 한 100미터 떨어진 곳에 개울물이 흘렀던 모양입니다. 주인이 다 타 죽게 생기자, 개가 잔디밭에서 그 개울까지 헐레벌떡 뛰어다니면서 몸에 물을 묻혀서 와서는 잔디밭에 물을 묻혀 불이 주인에게 접근하지 못하도록 하기 시작했습니다. 그렇게 수백 번을 왔다 갔다 하던 개는 그만 탈진하여 쓰러지고 말았어요. 개의 노력으로 불길은 간신히 꺼졌지만 개는 주인 곁에 쓰러져서 그대로 죽고 말았습니다.

아침이 되어서 최 씨가 일어나 보니 자신은 이상한 데서 자고 있고, 자기가 키우던 하얀 개가 까맣게 변해서는 옆에 쓰러져서 죽어있는 겁니다. 그걸 본 최 씨는 통곡할 수밖에 없었습니다. 그 길로 곧장 집에 가서 사람들을 불러와서 개를 비단에 잘 쌌습니다. 그리고 고이 묻어주면서, 사람 장례 치르듯이 잘 치러주고 축원도 했습니다. 또 거기서 끝나지 않고 그다음 해, 그다음 해, 연년이 그날이 돌아오면 개를 위해서 제사를 지내줬다고 합니다. 그래서 사람들은 최 씨 집안이 잘 된 것은 선대의 많은 공이 있었겠지만, 개한테 그렇게 정성을 들인 덕분일 것이라고 말하기도 합니다. 개에게도 집안 대대로 충성하겠다고 하는 특별한 원(願)이 있지 않았겠습니까? 그와 같은 집안을 돌보고자 하는 개의 정성으로 최 부자가 많은 벼슬을 이어왔고 잘되지 않았는가, 그렇게 말하는 사람들이 많습니다. 아무튼 개는 아주 충직하므로 절대 잡아서 먹어서는 안 됩니다.

네 번째, 개는 마음공부의 소재입니다.

절 집안에서 참선 화두 공부 좀 하는 사람들은 개에 관련된 화두를 잘 알고 있습니다. 또 개에 대한 화두를 많이 들고 있습니다. 개와 관련된 화두를 간단히 소개하자면 다음과 같습니다.

조주 스님께서 앉아 계시는데 어떤 젊은 스님이 와서 물었습니다.

"스님, 스님, 저 마당에 개가 지나가지요?"

"그래, 개가 지나가는구나."

"스님, 저 개에게도 불성이 있습니까?"

이렇게 물었습니다. 그때 조주 스님은,

"이 바보 등신아, 개에게 무슨 불성이 있겠느냐! 불성이 없다!"

이렇게 대답하셨습니다. 그러자 젊은 스님은 꽉 막혔습니다. 그리고는 '부처님께서 일체중생이 다 불성이 있다, 일체중생(一切衆生) 개유불성(皆有佛性)이라 말씀하셨는데, 조주 스님은 어떻게 개에게는 불성이 없다고 저렇게 단언하실까? 왜 개에게 불성이 없을까? 왜 개에게 불성이 없을까?' 이렇게 아주 골똘한 의정을 일으키게 됩니다. 그것을 우리는 '화두(話頭)'라고 합니다. 개로 인한 이 화두, '왜 없다고 했을까?'라고 하는 '무자화두(無字話頭)'로 정착하게 됩니다. '무(無), 왜 없다고 했을까?', '무(無), 무(無), 무(無)' 그래서 무자화두가 되었습니다.

저는 이 무자화두야말로 시삼마(是甚麼), 즉 '이 무엇인가?'라는 화두에 버금가는 중요한 화두라고 봅니다. 수많은 화두들 중에서 꼭 꼽으라 한다면, 저는 '무자화두'와 '시심마' 또는 '시삼마' 이 두 개의 화두를 꼽겠습니다. 또 진정한 화두의 힘을 가진 화두는 이 두 개만이 진짜이지 않겠는가, 저는 그렇게 생각합니다.

아무튼 화두에도 등장하는 동물이 바로 개입니다. 그런 점을 봐서라도 우리는 개고기는 먹지 않아야 한다는 것이지요.

지금까지 제가 쭉 말씀드린 것처럼 개는 우리 인간과 아주 밀접한, 특별한 인연이 있습니다. 그러니 마치 사람이 사람 고기를 먹을 수 없는 것처럼, 비록 좋은 다르지만 이미 한 집안에서 가족처럼 살면서 어떻게 개를 잡아서 먹을 수 있겠습니까?

　또한 개는 아주 영물입니다. 저희들이 어릴 때 개를 키울 때를 생각해 봐도 그렇습니다. 어떤 이유로 키우던 개를 팔 때가 됐습니다. 그래서 "이제 개를 팔러 가야겠다."라고 말하면 개가 사람의 언어를 알아듣습니다. '개를 오늘 팔러 간다. 다들 준비해라' 라고 하면 개도 알아서 준비를 합니다. 그 준비라는 것이 자기는 팔려 가기 싫다는 거예요. 그래서 개는 어딘가에 숨어버리고, 주인은 하루 종일 개를 찾지만 찾을 수가 없습니다. 자기는 이 집이 좋은데 왜 파느냐는 것이지요. 그러다가 장이 파하는 6시쯤 되면 개는 다시 집에 돌아옵니다. 그만큼 개는 영물입니다. 그래서 '개고기를 먹으면 재수 없다' 이런 말도 나온 것 같습니다. 실제로 개고기 먹고 그날 운이 아주 안 좋은 사람들이 많습니다. 개가 영물이기 때문에 그렇습니다. 영물은 안 먹는 것이 좋습니다.

개는 그냥 가축이 아닙니다. 현행법에도 개는 소, 돼지, 닭처럼 가축의 범주에 넣지 않고 있습니다. 왜 그런가? 개는 반려동물이기 때문입니다.

우리는 늘 인연법을 말하면서 살아가고 있습니다. 이 세상에서 제일 중요한 것이 바로 인연법(因緣法)입니다. 그리고 제일 좋은 복이 인연복(因緣福)입니다. 늘 인연을 이야기하면서 왜 굳이 개를 먹느냐 이겁니다.

개는 절대 먹어서는 안 됩니다. 내 안의 자비 종자를 죽이게 되고, 내 마음에 있는 인연법을 황폐화하는 일이 되기 때문에 그렇습니다. 우리가 살아감에 있어 가장 중요한 것이 인연법이라 했습니다. 인연법, 즉 인연의 관계, 인연의 도리를 잘 생각해서라도 개를 진정 내 가족처럼 내 친구처럼 따뜻하게 하는 것이 좀 더 깨어있는 인간이 해야 할 도리가 아니겠습니까?

재차 강조하여 말씀드립니다. 개고기는 먹지 않는 것이 좋습니다.

내일 다시 뵙겠습니다.
관세음보살

43
절에 산다는 것

2020. 04. 12. 세계명상센터 보은전

관세음보살. 유튜브불교대학 시청자 여러
분, 반갑습니다.

오늘은 제게 온 편지에 대해서 한 말씀 드리겠습니
다. 편지는 내용이 한 두어 장 분량으로 제법 긴 내용이
었는데, 간단히 요약하자면 이렇습니다. 편지를 보내오
신 보살님께서는 몸이 많이 편찮으시다고 합니다. 그렇
다 보니 현재 아주 간절한 마음으로 기도를 하면서 사는
데, 몸이 다 낫고 나면 꼭 이루고 싶은 소원이 하나 있다
고 하셨습니다. 그 소원이 무엇이냐면 죽기 전에 꼭 공양
주 보살을 해야겠다는 겁니다.

"공양주 보살을 한 뒤에 이승을 하직하고 싶습니다."
라고 하시면서 또 덧붙여 말씀하시기로 "스님, 복을 좀
짓고 가야 하지 않겠습니까? 저는 꼭 복을 짓고 가겠습니
다." 이렇게 자신의 아주 간절한 결심을 편지 끝에 적어
두셨습니다.

저는 보살님께서 분명히 병이 다 낫고, 공양주 보살
님을 해서 큰 복을 짓고 가시리라고 생각합니다. 우리 모
두 이 보살님이 꼭 완쾌하셔서 정말 절에서 공양주 생활

147

하시다가 돌아가시도록 염원해 주시면 좋겠습니다. 편지를 읽으면서 저는 '정말 대견스럽고 아주 장하신 보살님이다' 이런 생각을 했습니다.

짐작해보건대, 보살님께서는 공양주라는 일을 통해 첫째로 이생에서 있었던 모든 어려운 점들을 다 녹이고, 둘째로 다음 생에는 어떻게 살아야겠다고 하는 발원의 기회로 삼기 위해 '이 몸의 병이 낫고 나면 꼭 공양주를 해야겠다' 라고 발심하지 않으셨나 싶습니다.

절 집안에서 공양주의 역할은 대단히 중요하고도 중요합니다. 스님들이 모여 사는 대중처소에서는 당연히 스님이 공양주 소임을 맡습니다. 대중이 다 함께 모여서 살면서 각각 소임을 나누어 맡는 것을 '용상방(龍象榜)을 짠다' 그렇게 말하는데요. 이 용상방을 짤 때 스님들이 둘러앉아서 '공양주 할 사람 손들어 보십시오' 라고 하면 가장 상판, 가장 윗반에서 손을 듭니다. 그만큼 공양주라는 소임은 큰 복을 짓는 것으로 옛날부터도 대중을 시봉하는 것으로서는 공양주만 한 것이 없다고 생각해왔기 때문입니다.

한번 생각해 보십시오. 우선 자기가 지은 공양을 부처님 전에도 올리는 것이지요? 또 스님들이 내가 지은 공양을 드시고 공부를 열심히 해서 도인이 되고, 선지식이 되고, 또 부처님이 된다면 그 얼마나 좋은 일을 하는 일이 됩니까? 그래서 저는 절에 사시는 공양주 보살님들은 아주 좋은 소임을 맡고 계시며, 공양주 보살님들께 참으로 감사하다는 생각을 많이 합니다.

한편, 절에는 공양주라는 소임도 있지만 제각각 다양한 소임을 맡아서 사는 사람들이 많습니다. 그런 사람들 모두 부처님과의 인연이 매우 깊습니다. 우리가 불연(佛緣)이 깊다고 하는데, 그런 분들이 불연이 매우 깊습니다. 또 그들은 스님들과의 인연도 아주 깊은 분들입니다. 24시간 절에 계시는 분, 출퇴근하는 절의 종무원, 절에서 사무를 보는 직원들 또한 그러합니다. 그뿐만 아니라 부처님 오신 날이 다가오면 절에 와서 열심히 봉사하시는 분들, 다니시면서 등 공양을 권선하시는 분들, 또 내 일처럼 24시간 포교 걱정하면서 포교하시는 분들, 그런 분들도 다 대단한 불자들입니다. 이런 분들도 모두 부처님과 아주 깊은 인연이 있다고 생각하셔야 합니다. 그래서 급여를 받는 종무원이든 그냥 봉사를 하시는 분이든 부처님 일을 많이 하는 불자들은 전생부터 부처님과 인연이 있다는 것은 분명한 사실입니다. 늘 기쁜 마음으로 '나도 성불의 도량 일원으로서 뛰고 있다' 이 생각을 가지신다면, 사는 것이 보람 있고 좋을 것입니다.

부처님과 전생부터 인연이 있으므로 부처님 일을 하는 것이지, 달리 다른 이유를 붙일 필요조차 없습니다. 부처님과의 인연이 있는 정도가 아니라, 그 불연이 매우 깊습니다. 지금부터 제가 절에 산다는 것의 의미와 그 의의를 정리해서 말씀드리겠습니다.

첫째, 절에 산다는 것은 큰 복이며 큰 공덕이 되는 일입니다. 공양주 보살을 하든지 무엇을 하든지 간에 절 일을 하면 그것이 큰 복이고, 그것이 큰 공덕이 됩니다. 부처님 전에 공양을 올리는 일이 되고, 부처님을 보호하는 일이 되고, 부처님의 정법을 알리는 일이 되는데 어떻게 부처님의 복과 부처님의 공덕을 받지 않을 수 있겠습니까? 그러므로 절 언저리 또는 절과 직접 관계되는 일을 하시는 불자들은 다 복을 짓게 되는 것이고, 공덕을 짓는 일이 됩니다.

둘째, 절에서 산다는 것은 업장을 씻어내는 것입니다. 업장을 씻어내는 일을 하고 있다, 이 말입니다. 우리가 세간에서 살면서 알게 모르게 지은 죄업이 얼마나 많겠습니까. 그래서 가끔 보면 절에 사시는 분들 중에 "스님, 제가 업장을 씻어내기 위해서 이렇게 살고 있습니다. 스님, 저는 어쨌든지 제 업장을 다 녹이고 가겠습니다." 그렇게 말씀하시는 분들이 더러 있습니다. 업장을 씻어내기 위해서라도 절에 사는 것은 아주 좋은 일입니다.

셋째, 절에 산다는 것은 세상에 물들지 않을 수 있는 길에 있음을 말합니다. 세상은 참으로 혼탁합니다. 그래서 세상을 '오탁악세(五濁惡世)'라고 말합니다. 다섯 가지 흐림의 세상이라는 것이지요. 다섯 가지 흐림이란 겁탁(劫濁)·견탁(見濁)·번뇌탁(煩惱濁)·중생탁(衆生濁)·명탁(命濁)을 말합니다. 이러한 다섯 가지 흐림의 세상에 살면서 한이 맺힌 생활을 해 온 경우도 많습니다. 그런 분들이 절에 들어와서 사는 경우가 많습니다. 그리고 애초부터 심성이 아주 깨끗한 사람이 있습니다. 그런 분들은 이 세상과는 잘 맞지 않습니다. 그래서 '나는 오탁악세에서 별로 살고 싶지 않다. 깨끗한 데서 좀 살고 싶다' 해서 세상에 물들지 않기 위해 절에 들어와 사는 분도 많습니다. 전자의 경우든 후자의 경우든 어떠한 이유에서든 절에 계시는 것은 아주 좋은 일이고, 잘 된 일이라고 생각합니다.

절에서 살다 보면 누구를 이기기 위해서, 누구를 나쁘게 해서 자신이 덕을 보려고 하는 악업은 짓지 않게 됩니다. 남을 이기기 위해서, 이익을 얻기 위해서 남을 해치는 악업들만 짓지 않아도 깨끗한 삶을 사는 것입니다. 그러므로 세상에 물들지 않기 위해서는 절에 사는 것만한 게 없다고 봅니다.

넷째, 절에 산다는 것은 늘 기도 참선을 하며 살아갈 수 있음을 말합니다. 늘 기도 참선 등 명상을 할 수 있는 곳이 바로 절입니다. 절에 있다 보면 저절로 예불에도 동참하게 되고, 왔다 갔다 하면서 늘 목탁 소리를 듣게 되며, 또 스님들이 재 지내는 소리도 듣게 됩니다. 그 모든 것이 다 명상입니다. 명상을 하면 건강해집니다. 그뿐만 아니라 인격도 차츰차츰 훌륭해집니다. 그러면서 행복해집니다. 절 안에 살면 스트레스를 덜 받습니다. 또한 모두들 장수하는 이유가 바로 명상하는 삶 속에 있기 때문입니다.

절에 살면 좋은 점이 참으로 많지요? 그러므로 모든 불자들은 가능하면 절에 한 번 살아봐야겠다는 원을 세우는 것도 좋으리라고 봅니다.

요즘은 재가 불자들이 절에서 살 수 있도록 하는 장치들이 다양하게 마련되어 있습니다. 실버타운도 있고, 재가자 선방도 많이 운영되고 있습니다. 저는 본인이 앉아서 참선할 수 있는 기력만 있다면 재가자 선방에 들어가서 여생을 보내는 것도 괜찮다고 생각합니다. 그러다가 절에서 운영하는 복지시설에 또 들어오시면 되지요. 특히나 마지막 생을 부처님과 지낸다는 것은 행운 중의 행운입니다.

저희 한국불교대학 大관음사에서도 올(2020년) 하안거부터 이곳 감포도량 무일선원 내에 있는 특별한 선방인 이불병좌선방에 재가자 선방을 열고, 20명 정도 선착순으로 받을 생각입니다. 여기에 동참하시는 분들은 한 달에 한 번씩, 2박 3일 정도 무문관 체험도 할 수도 있습니다. 보살님도 괜찮고 거사님도 괜찮습니다. 이 방송을 듣고 무일선원에서 운영하는 재가자 선방에 동참하시고 싶다 하시는 분들은 무일선원으로 문의해 주시기 바랍니다.

이곳 무일선원은 시설이 매우 잘 되어 있습니다. 어느 정도로 시설이 잘 되어 있느냐, 여기는 찜질방까지 갖추어져 있습니다. 하루에 8시간에서 10시간 정진하시고 포행도 하시고 간간이 찜질방에서 몸도 푸시면 됩니다. 마음이 있으신 분들은 꼭 한번 문의해 보시기를 바랍니다. 아무튼 절에서 한번 살아봐야겠다는 마음을 꼭 내 보시기 바랍니다.

절에서 사는 방법은 정말 다양합니다. 개개인별로 절에 살게 되는 수많은 계기들이 있는데, 그 계기들에 따라 일할 수도 있고 수행할 수도 있는 여러 가지 장치가 다 있습니다. 그러므로 각자의 인연 따라서 절에서 일을 하신다거나 수행해 보시기를 바랍니다.

그리고 절에서 일하는 분들은 늘 자부심을 가져야 합니다. '나는 부처님의 제자로서, 부처님과 깊은 인연이 있어서, 부처님 일을 하고 있다. 불연이 매우 깊기 때문에 이 도량에서 지금 일하고 있다. 이 도량에서 내가 수행하고 있다' 이러한 생각을 꼭 가지셔야 합니다. 그것이 분명한 진리이고 분명한 사실입니다. 종무 일을 보거나 다른 일을 하며 절 집안에서 사는 분들의 면면을 보면, 세속의 사람들보다는 훨씬 더 심성이 착하고 부드럽고, 마음 가운데 신심이 깊다는 것을 보게 됩니다.

그러니까 '세세생생 동안 부처님과 인연을 지어서 살겠다' 라고 하는 발원 또는 그러한 깊은 신심과 자신감을 가지고 살아간다면, 이생 사는 동안뿐만 아니라 다음 생까지라도 늘 기쁘게, 보람되게, 재미있게 사는 인생이 될 것입니다.

다음 시간에 다시 뵙겠습니다.
관세음보살

無一우학
說法大典

44
조상의 음덕은 있다

2020. 04. 13. 세계명상센터 보은전

관세음보살. 유튜브불교대학 시청자 여러분, 반갑습니다. 오늘은 '조상의 음덕' 에 대해 말씀드리겠습니다.

조상의 음덕은 분명히 있습니다. '조상을 잘 모시면 진짜 내게 득이 될까?' 하고 많은 사람들이 궁금해합니다. 심지어는 '득이 안 된다면 굳이 조상을 잘 모실 필요가 있는가?' 이렇게 얘기하기도 합니다.

제가 단도직입적으로 말씀드리겠습니다. 우리는 조상 잘 모실 필요가 있고, 조상을 잘 모신 만큼 반드시 그 덕이 있습니다. 그것을 '음덕(蔭德)' 이라 합니다.

2018년 5월 8일자 신문에 나온 뉴스입니다. 제사를 매년 잘 모시는 한 남성이 있었습니다. 하루는 꿈속에서 할머니가 "마천면 어디 어디에 한번 가보라. 거기 가면 좋은 것이 있을 것이다." 이렇게 가르쳐줬다고 합니다. 남성이 할머니가 가르쳐 준 곳에 갔더니 산삼이 있었습니다. 심지어 그 산삼은 천종 산삼이었습니다. 천종 산삼은 100년 이상 될 뿐만 아니라 뇌두 길이가 12cm나 된다고 합니다. 살림이 조금 어려웠었는데 천종 산삼을 발견

159

하여 1억 이상의 돈을 받아서 매우 큰 도움이 되었다고 합니다.

얼마나 좋은 일입니까? 할머니가 꿈에 나타나서 가르쳐 주신 덕분에 산삼을 얻게 되었고, 그걸 팔아서 어려운 살림에 보탬이 되었으니 이는 아주 좋은 일임에 틀림없습니다. 이 이야기를 통해 보아도 알 수 있듯이 조상의 음덕은 분명히 있습니다.

제가 늘 말씀드리듯이 우리의 운명을 좌우하는 것에는 선천운이 있고, 후천운이 있습니다. 그리고 그 후천운에 조상의 음덕은 한 5퍼센트 정도 됩니다. 후천운에는 환경, 노력, 적선, 이름 등이 다 복합적으로 작용하는데, 그 작용 속에서 조상의 음덕이 차지하는 비중이 5퍼센트로써 이는 결코 작은 것이 아닙니다. 어떤 일이 성취될 때 보면 '이 일이 될까? 말까?' 하는 경우가 참으로 많습니다. 5퍼센트는 결코 적은 것이 아닙니다. 조상을 잘 모시는 것이 5퍼센트의 비중으로 운명에 직접 영향을 미치는 만큼 조상을 잘 모셔야 하지 않겠습니까?

오늘은 어떻게 하면 조상을 잘 모셔서, 조상의 음덕을 볼 수 있는가에 대한 답을 좀 드리고자 합니다.

첫째, 제사나 차례를 반드시 지내십시오. 제사 지내는 법⑴에 대해서는 세 번에 걸쳐서 자세한 말씀을 드렸습니다. 그 방법을 잘 숙지하셔서 제사나 차례를 반드시 잘 지내 드리십시오. 만일 본인이 직접 집에서 제사를 챙기기 힘들다면 절에 맡겨서라도 지내십시오. 꼭 제사를 지내 드려야 합니다. 제사를 잘 지내 드리는 것이 아주 좋습니다.

둘째, 장례를 잘 치러야 됩니다. 모시는 방식은 문제가 안 됩니다. 화장을 하든 매장을 하든 그것은 본인의 사정에 따라서 하시면 되고요. 문제는 정성입니다. 어떤 방식으로 하든지 간에 아주 정성껏 장례를 잘 치러드리면, 나중에 그것이 다 자기에게 음덕이 되어서 돌아옵니다.

셋째, 영가를 위해서 영가의 이름으로 법보시(法布施)를 하는 것이 좋습니다. 여유가 없다면 어쩔 수 없고, 여유가 있다면 영가가 복을 지을 수 있는 마지막 기회를 놓치지 마시라는 겁니다. 영가의 이름으로 법보시를 하시면 매우 좋습니다.

저의 부모님은 17년쯤 전에 두 분 다 돌아가셨는데, 그때 들어온 부의금과 상당량의 돈을 더 보태서 수만 권의 책을 주위에 법보시 했습니다. 신도님들에게 책을 다 나눠주고, 다 함께 그 책으로 공부하기도 했습니다. 이러한 법보시의 공덕은 아주 큰 데, 특히 돌아가신 영가의 이름으로 법보시 하면 그것이 또한 음덕이 됩니다.

넷째, 절에서 하는 천도재에 꼭 동참하는 것이 좋습니다. 절에서 하는 천도재도 종류가 다양합니다. 1년 49주 천도재, 백중 천도재, 지장재일 천도재 등 다양하게 있어요. 재 지내는 것을 절대 등한시하시지 말고, 산 사람 기도하듯이 돌아가신 분을 위해 천도재를 챙겨 기도하신다면 그것이 다 음덕이 됩니다.

부처님께서는 '칠불쇠법(七不衰法)'이라고 하는 것을 말씀하신 적이 있어요. 언젠가 제가 한번 소개를 해드렸던 것 같습니다. 칠불쇠법이란 '일곱 가지 쇠망하지 않는 법'이라는 말입니다. 칠불쇠법 이야기를 다시 한번 간략하게 하겠습니다.

마갈타국의 아사세왕이 이웃 나라 밧지국을 정복하려는 마음을 먹고 신하를 부처님께 보냈어요. 부처님 앞에 온 신하가 물었습니다.

"부처님, 왕께서 밧지국을 정복하려고 하는데, 그 시기가 맞는지요?"

예나 지금이나 절에 와서 묻는 것이 다 그런 것 같습니다. 요즘도 신도님들이 절에 서 "우리 애가 시집 장가를 잘 가겠습니까? 언제 가겠습니까?" 이렇게들 많이 물으시지요? 이걸 나쁘다고 볼 수는 없고, 그렇다고 해서 이러한 것을 가르쳐 주는 것이 불교라고 말하기도 힘듭니다.

아무튼 신하의 질문을 들으신 부처님께서는 왕의 신하에게 직접 대답하지 않으시고 시자로 서 있는 아난존자에게 물었습니다. 신하는 부처님과 아난존자의 대화를 듣고 자기 왕에게 가서 "왕이시여, 지금은 밧지국과 전쟁할 때가 아닙니다." 이렇게 전했다고 합니다.

그 이유는 일곱 가지가 있는데 그중 중요한 한 가지

가 바로 밧지국 사람들은 조상을 잘 모시고 있다는 것이었습니다.

한 번은 부처님께서 밧지국에 가서서 국민들에게 법문을 하셨습니다. 그때 법문의 주제가 '이것을 실천하면 절대 밧지국은 멸망하지 않는다'라는 것이었습니다. 이것이 바로 칠불쇠법으로 부처님께서는 밧지국이 멸망하지 않는 일곱 가지 실천 방법을 알려주셨던 것입니다.

앞서 부처님과 아난존자의 대화 내용인즉, 밧지국 사람들이 그때 부처님께서 일러주신 일곱 가지 모두를 잘 실천하고 있다는 것이었습니다. 그 일곱 가지 중에서 '조상을 잘 섬겨라' 하는 것이 있었는데, 밧지국 사람들은 부처님의 가르침대로 조상을 모시는 데 있어 전혀 소홀함이 없었다는 것입니다.

신하는 이러한 부처님과 아난존자의 대화를 듣고 왕에게 때가 아니라고 말한 것입니다.

이렇게 부처님께서는 조상을 잘 모시라고 직접적으로 말씀하셨습니다. 밧지국 사람들은 조상을 잘 모심으로써 강대국의 침입을 막은 것 아닙니까. 민족이 망하지 않았으니까 얼마나 좋은 일입니까?

그런데 이는 가정적으로도 그러합니다. 조상을 잘 섬기면 그 가정이 조상 때문에 잘못되었다는 소리는 절대 듣지 않습니다.

우리는 산 사람과 죽은 사람을 같은 비중으로 생각해야 합니다. 같은 비중으로 생각해도 결코 잘못된 것이 아닙니다. 산 사람과 죽은 사람을 같은 비중으로 생각한다는 것은 산 사람을 위하는 만큼 죽은 사람들도 위하라는 것입니다.

제가 지난 법문 중에 '생거진천(生居鎭川) 사거용인 (死居龍仁)'이라고 했습니다. '살아서는 진천의 동생이 모시고, 죽어서는 용인의 형이 어머니를 모셔라'라는 진천 군수의 명판결에 대해 이야기를 해드렸어요.

제사를 잘 모시거나 천도재를 잘 해 드리는 것은 큰 음덕이 되는 것은 분명합니다. 조상의 영적 에너지는 후손에게 반드시 미칩니다. 이 영적 에너지는 시공간에 절대 구애받지 않고 바로 통합니다. 특히 DNA가 가까울수록 그렇습니다. 그러므로 가까운 인연의 조상 영가는 곧

바로 나와 직접 관계가 있다고 생각하고, 조상 모시는 것을 절대 소홀히 해서는 안 됩니다.

새로 태어났다 할지라도 관계없습니다. 마음의 에너지는 아무 데나 다 통합니다. 그분이 새로운 생명을 받았다 할지라도 여기서 지내는 천도재의 효과가 바로 다 그분에게 가고, 그분의 에너지는 다시 반동으로 돌아와서 내 인생, 우리 삶에 직접 영향을 미칩니다. 그런 천도의 원리, 천도의 공덕에 대해서는 특별히 시간을 내서 말씀을 드리도록 하겠습니다.

조상이 편안하고 잘 되면 후손은 당연히 편안하고 잘됩니다. 당연한 이치입니다. 좋은 기운, 선의 기운은 순환하면서 서로 주고받고 또 주고받고 그렇습니다. 재차 강조해서 말씀드립니다. 조상의 음덕은 반드시 있습니다. 그 점을 굳게 믿어야 합니다. 또한 조상을 잘 모시는 것은 부처님께서 직접적으로 그렇게 가르치신 내용입니다. 그러므로 우리는 이를 굳게 믿고 조상을 모심에 있어 절대 소홀해서는 안 되겠습니다.

건강하시고, 내일 다시 뵙겠습니다.

관세음보살

참고하시면 좋은 법문

(1) 집에서 제사를 지내지 않으려면(설법대전 2)
   초 간단 제사 모시는 법(설법대전 3)
   초간편 제사 음식(설법대전 3)

45
참선과 명상은 다른가?

2020. 04. 14. 세계명상센터 보은전

관세음보살. 유튜브불교대학 시청자 여러분, 반갑습니다.

오늘 생활법문의 주제는 참선(參禪)과 명상(冥想)입니다. 우리 불자들이 꼭 개념을 정리해야 할 필요가 있다 싶어서 좀 딱딱한 내용일지라도 말씀드리고자 합니다. 그래서 '참선과 명상은 같은 것인가, 다른 것인가?' 쉽게 말하자면, 참선과 명상 각각의 개념에 대한 정리라고 보시면 됩니다. 사실 스님들도 이 개념을 잘못 잡는 수가 많습니다. 그러므로 혹시 이 방송을 듣는 스님들이 있다면 끝까지 잘 들어주시면 좋겠습니다.

어떤 분이 제게 물었습니다.

"스님, 참선과 명상은 다르지 않습니까? 참선은 스님들이 주로 하는 것이고, 명상은 재가 불자들, 보통 사람들이 하는 것 아닙니까? 명상보다는 참선이 훨씬 더 어렵고, 고급인 것이 아닙니까?"

참선의 어원적인 의미는 인터넷에 들어가 보면 잘 나와 있습니다. 인터넷에 나오는 참선의 복잡한 얘기는 차치하고, 저는 일반 시청자들을 생각해서 간단하게 설명

해 드리겠습니다.

단도직입적으로 말씀드리자면, 참선과 명상은 같은 것입니다.

불교에서 주로 사용하던 참선이라는 말이 영어로 '메디테이션(Meditation)' 이렇게 번역이 되었습니다. 물론 요즘 와서는 소리 나는 대로 그대로 '참선' 이라고 쓰는 수도 많습니다만, 대부분의 서양 사람들은 메디테이션이라고 해야 알아듣습니다. 그런데 메디테이션이 우리말로 재번역 될 때, '참선' 이라고 번역되지 않고 '명상' 이라고 번역되었습니다. 즉, '참선' 이 '메디테이션' 이 되었다가 '메디테이션' 이 다시 '명상' 이라는 말로 번역되었습니다. 따라서 '참선', '메디테이션', '명상' 이 모두 같은 말, 같은 의미입니다.

참선, 즉 명상을 '마음 닦음', '마음공부' 이렇게도 말합니다. 예로부터 마음 닦음, 마음공부를 크게 세 가지로 정리해 왔습니다.

첫 번째는 몰입 수행입니다. 이를 사마타(奢摩他, Samatha) 수행이라고도 합니다.

두 번째는 관(觀) 수행입니다. 관 수행을 비빠사나(毘婆舍那) 수행이라고 합니다.

세 번째는 화두(話頭) 수행입니다. 화두를 잡고 하는 수행을 간화선(看話禪)이라고 말합니다.

그런데 제가 이 세 가지를 봤을 때는 세 가지 방법 모두 조금씩 모자라는 점이 있다, 조금씩 보완해야 할 점이 있다는 생각이 들었습니다. 그래서 제가 창안하고 주창한 수행법이 바로 '선관쌍수(禪觀雙修)'입니다. 선관쌍수는 먼저 관세음보살님을 또렷이 관(觀) 하고, 이 관 하는 주인공까지 관 하는, 즉 '무엇이 관 하는고?'까지 궁구해 가는 아주 깊은 삼매를 요구하는 마음공부입니다.

이에 대한 자세한 내용은 불교의범 327쪽에 잘 나와 있습니다. 제가 약 300권 이상의 책을 썼는데, 그중에서 가장 처음 쓴 책이 이 불교의범이라고 하는 책입니다. 불교의범은 '법요집' 등 많은 이름을 거쳐서 계속 출판되었는데, 최근에 나온 책의 이름이 '무일불교의범'입니다. 이 불교의범 327쪽에 '참선 수행의 체계, 선관쌍수(禪觀雙修)'라며 나와 있습니다. 제1단계 사마타 수행,

제2단계 관 수행, 즉 비빠사나 수행, 그다음 3, 4단계가 핵심입니다. 그것을 잘 보시기 바랍니다. 이 선관쌍수까지가 참선이요, 명상입니다.

선관쌍수에 대해 좀 더 자세히 말씀드리겠습니다.

간화선의 알파요 오메가는 시삼마(是甚麼), 즉 '이뭣고'입니다. '이뭣고', '이 무엇인고', '현재 내가 생각을 하고 있다면, 생각하고 있는 이놈은 무엇인가?', '현재 내가 무엇인가를 보고 있다면, 보고 있는 이놈은 무엇인가?' 이러한 것들이 전부 다 '이뭣고'입니다. 이때 가장 중요한 첫 전제가 관세음보살님을 똑똑히 관 하는 것입니다. 관세음보살님을 똑바로 봐야 합니다. 놓치지 않고 아주 똑바로 관세음보살님의 미소, 관세음보살님의 상호를 관 하면서 동시에 '관 하는 주인공은 도대체 무엇인가?', '무엇이 관세음보살님을 관 하는고?' 하며 깊이 궁구해 들어가야 합니다. 그것이 바로 선관쌍수입니다. 이와 같이 관세음보살을 관 하면서 관세음보살을 관 하는 주인공까지 관 하는 것, 그것이 바로 선관쌍수입니다.

그렇다면 요즘 들어 명상이라는 단어가 왜 우리에게

혼돈을 주게 된 것일까요? 그 이유인즉, 온갖 생각을 끌어모으는 것, 온갖 생각을 하는 것, 또는 망상 피우는 것까지도 다 명상의 범주에 넣다 보니 혼돈이 생긴 것입니다.

예를 들어 요즘 유튜브에 부자가 되는 명상, 좋은 사람을 만나는 명상, 합격하는 명상, 화해하는 명상, 음악명상 등 온갖 것에 다 명상이라는 말을 갖다 붙여놨습니다. 사실 이러한 것들에는 참선 또는 명상법이라는 말을 갖다 붙일 수 없습니다. 왜냐하면 지금 예로 들었던 그런 내용들은 온갖 생각 부스러기들을 모아 놓은 것이기 때문에 그렇습니다.

정통 참선, 정통 명상은 생각 자체를 정지시키는 일입니다. 생각은 오로지 정지할 때 순수해지는 것입니다. 자꾸 생각에 생각을 보태는 것은 맞지 않습니다. 그것은 참선이 아니고 망상입니다. 생각에 생각을 보태는 것, 그것은 명상이 아니라 망상입니다.

그런데 사람들이 그런 것들에는 참선이라는 말을 붙이지는 않습니다. 아까 얘기했던 것처럼 '좋은 사람을 만나는 명상' 또는 '부자 되는 명상' 이렇게 말하기는 하지만, '부자 되는 참선'이라고는 하지 않는다는 것입니다. 상황이 이렇다 보니 참선은 고유한 성격이 그대로 잘 유지되고 있는데, 명상이라는 말은 조금 오염이 되었다고 할까요. 아무튼 명상이라는 말에 혼란이 있게 된 것입니다.

그래서 제가 오늘 다시 정리해 말씀드리겠습니다.

참선은 곧 명상입니다. 참선이 곧 명상이요, 명상이 곧 참선입니다. 그런데 명상에 좀 잘못된 개념이 많이 도입되어 있으므로 제가 정통 참선, 정통 명상 이외의 것들은 '유사 명상'이라고 이름 붙였습니다. 유사 명상 또는 비순수 명상입니다. 전통 참선, 전통 명상 이외의 것들은 모두 유사 명상, 비순수 명상입니다.

때때로 우리는 턱을 괴고 온갖 사색을 합니다. 요즘 흔히 사색을 두고 명상이라 하는데, 정통 참선에서는 그것이 바로 망상입니다. 온갖 공상들을 정통 참선에서는 망상이라고 합니다. 그리고 온갖 염원을 하는데 그것 또한 정통 참선에서는 망상입니다.

정리하여 말씀드리면, 사색하고 공상하고 염원하는 온갖 생각들을 모으는 명상을 유사 명상 또는 비순수 명상이라고 제가 명명(命名)하겠습니다. 명상과 참선은 동일한 개념이므로, 명상이라고 이름 붙이는 것들은 참선이라는 이름도 붙일 수 있어야만 합니다. 그런데 순수한 명상의 범주를 넘어서게 되면, 참선 정통에서 봤을 때는 그것들이 모두 망상입니다. 따라서 제가 비순수 명상 또는 유사 명상이라고 이름을 붙였습니다.

　앞서 말씀드렸듯이, 절에 와서 관세음보살님, 부처님을 뵙고 관세음보살님 명호, 즉 부처님 이름 외우는 것들은 다 몰입 수행, 관(觀) 수행입니다. 부처님을 쳐다보면서 '부처님을 친견하는 나는 도대체 누구인가?' 그러면 그것이 곧 화두선이기도 하고요. 그것이 제가 주창한 선 관쌍수이기도 합니다. 그러한 것이 바로 순수 명상을 하는 것이고 참선하는 것입니다.

　일반적으로 사람들이 불자들에게 절에 왜 가느냐고 물었을 때, 기도하러 간다고 대답합니다. 그런데 그렇게 하면 다른 종교인들과 수준 차이가 안 나잖아요? 조금 수

준 차이가 나야 하는데, 그런 맛이 없습니다. 그래서 이제는 기도하러 간다고 하지 말고, 명상하러 간다고 하십시오.

"어디 가?"

"절에 간다."

"절에 왜 가는데?"

"명상하러 간다."

이렇게 말해야 해요. 또는 참선하러 간다고 이렇게 대답해야 합니다.

바야흐로 요즘 시대는 명상의 시대입니다. 명상이라고 하면 바로 불교입니다. 명상이 곧 참선입니다. 용어 하나를 쓰더라도 우리 스스로 조금 정제되고 고급의 용어를 쓰는 것이 좋지 않을까 생각합니다.

그래서 절에 갈 때는 '오늘 절에 가서 명상 하고 올게' 또는 '참선 하고 올게' 이렇게 해 보십시오. 가족들이 '우리 어머니가 마음공부, 마음 닦음을 하시러 가는가 보다' 이렇게 좋게, 좀 다른 차원으로 바라보게 될 겁니다.

앞으로는 기도라는 말 대신 명상이라는 말을 많이 썼으면 좋겠습니다. 후일에 명상의 범주를 넘어서서 유사 명상 또는 비순수 명상의 기도법에 대해서도 말씀을 드리도록 하겠습니다.

오늘은 참선과 명상은 결국 같은 개념이라는 것을 말씀드렸습니다. 그리고 명상의 범위가 넓어져서 사색하고, 공상하고, 염원하는 것 등 온갖 생각까지 다 명상이라 하니 그러한 것들은 유사 명상, 비순수 명상이라고 하자, 거기까지만 제가 정리를 해 드리겠습니다.

늘 명상하는 불자가 되셔야 합니다. 집에서 금강경 꼭 읽으시고, 관세음보살 정근 꼭 하십시오. 또 관세음보살 정근하시면서 '이 관세음보살 정근을 하는 나는 도대체 무언인가?' 하면서 자기 자신을 돌아보고, 자기 자신이 무엇인지까지 생각하는 조금 차원 높은 그런 명상, 그런 참선을 자주 하시기를 바랍니다.

내일 다시 뵙겠습니다.
관세음보살

46
49재는 지내야 하는가?(1)

2020. 04. 15. 세계명상센터 보은전

관세음보살. 먼저 멸업장진언을 세 번 외우겠습니다.

"옴 아로늑게 사바하, 옴 아로늑게 사바하, 옴 아로늑게 사바하."

'업장(業障)'이라는 것은 '업의 장애'라는 뜻입니다. 따라서 멸업장진언(滅業障眞言)은 '업의 장애를 멸하는 진언'이라는 것입니다.

업장이 두텁다', '업장 때문이다'라고 말하는데, 사실 업장이라는 것은 중생이 가지고 있는 아주 고질적인 병 같은 것입니다. 그러므로 어쨌든지 이것을 좀 멸(滅)해야 합니다. 그런 의미에서 제가 법문하기 전에 늘 이 멸업장진언을 함께 외우고 있는 것입니다. 그러니까 이 진언을 외울 때는 반드시 함께 외우시길 바랍니다.

현재 우리 유튜브불교대학은 시청자 여러분들께서 아주 많은 관심 가져 주시고 협조를 해주셔서 구독자가 많이 늘고 있습니다. 이 추세로 가면 얼마 가지 않아서 10만, 33만 이렇게 계속 갈 것 같습니다. 그래서 100만 구독자가 되면 미국의 맨해튼에 한국 절이 생기지 않을까 생각을 합니다. 아무튼 주위에 공유 좀 많이 해 주시면 좋겠습니다.

오늘은 특별히 49재에 대한 말씀을 드리고자 합니다.

불자라면 다 49재를 지냅니다. 또 불자가 아니라 무종교인이라도 절에서 49재를 지내는 경우가 많습니다. 요즘은 종교를 떠나서 자기식대로 49재를 하는 경우도 보게 됩니다. 하지만 불교에서 하는 것처럼 아주 정통적으로 해야 그 의미와 보람이 있지 않을까 생각합니다.

49재는 꼭 지내야 하는가, 단도직입적으로 말하면 사후(死後), 즉 죽은 후 49일은 자기 정체성의 재정립 기간입니다. 자기 정체성의 재정립 기간이 바로 사후 49일 동안이라는 것입니다. 영가가 다음 생으로 가는 과정에서 희망의 에너지를 새롭게 축적할 수 있도록 살아있는 사람들이 마지막으로 반드시 도와줘야 할 일이 바로 49재 의식인 것입니다.

인간 존재의 사이클은 네 가지입니다. 태어나는 순간 '생유(生有)', 사는 동안 '본유(本有)', 죽는 순간 '사유(死有)', 죽음 이후 다시 태어날 때까지 '중유(中有)', 이렇게 네 가지로 나누어서 봅니다.

여기서 중유(中有)를 '중음신' 또는 '영가'라고 말하고, 티베트 사람은 '바르도(Bardo)'라고 말합니다. 저는 '영식(靈識)'이라는 표현을 많이 씁니다.

49재는 중유에 해당하는 청정 의식이며 불공 의식입니다. 보통 돌아가신 날을 1일로 봤을 때, 돌아가신 날부터 1, 2, 3, 4, 5, 6, 7일, 이렇게 첫 7일째 되는 날이 초재(初齋)가 됩니다. 그리고 다시 7일 후에 2재, 3재, 4재, 5재, 6재, 7재까지 이렇게 지내게 됩니다. 맨 처음 지내는 재를 특별히 초재라 하듯이, 마지막 7번째로 지내는 7재는 막재라 합니다. 이렇게 해서 초재부터 막재까지 총 49일이 소요됨으로 49재라고 하는 것입니다. 그래서 7·7 49재(칠칠 사십구재)라 이렇게 말합니다.

그래서 불교에서는 49일이면 탈상할 수 있습니다. 49일 이후로는 상복을 입고 있어도 별 의미가 없다는 말입니다. 그렇지 않은 경우도 있습니다만 보통의 경우 중음신은 49일이면 다음 생 몸을 받아서 떠나갑니다. 그러므로 그 기간 동안 후손들이 49재를 잘 지내드리게 되면 영가가 자신의 업을 청정히 하고 부처님 전에 불공을 드릴 수 있는 아주 좋은 기회입니다. 이생을 살다가 다음 생으로 분명히 가는데, 그 사이에 49재가 있음으로써 크게 기회를 잡은 겁니다. 이 기회를 절대 놓치면 안 되는 것이지요.

어떤 사람들은 사람은 죽으면 끝이라고 하는 단멸론(斷滅論)에 빠지는 수가 많습니다. 하지만 그것은 자기 생각이고 자기 착각입니다. 지금까지 수많은 임사(臨死) 체험자가 있었고, 또한 스님들이 늘 외우는 천도의식집 불교의범을 비롯하여 스님들이 의식 때 사용하는 책인 석문의범(釋門儀範) 등 전문 서적에 보면 영가는 반드시 있고, 죽은 이후에 아무것도 없는 것이 아니라 반드시 그 무엇이 남는다고 했습니다. 반드시 남습니다.

우리는 잠시 몸이라고 하는 기계, 특히 머리의 뇌라고 하는 기계를 아뢰야식(阿賴耶識) 또는 영식(靈識)이 빌려서 잠시 있었을 뿐입니다. 기계가 망가져서 없어져도 그 안의 시디(CD)나 테이프(Tape)는 그대로 남는 것처럼 반드시 남는 그 무엇이 있습니다. 그것을 우리는 분명히 믿어야 하고, 또 그것이 사실입니다.

사랑과 영혼이라는 영화를 보면, 비록 영화이기는 하나 죽은 영혼이 계속 다니지 않습니까. 계속 돌아다니면서 살아있는 자에게 자기 자신을 알리기 위해 애를 쓰지만, 이미 몸은 없어져서 자기 자신을 확연히 나타낼 순 없습니다. 하지만 어떤 암시는 계속 주고 있는 것을 볼 수 있습니다.

이처럼 영혼은 죽은 이후에 반드시 남습니다. 이를 불교에서는 '제8식(識)', '아뢰야식(阿賴耶識)' 또는 '영가(靈駕)'라고 합니다. 영가, 즉 중음신입니다. 영가는 몸을 버리면 오히려 그 의식이 또렷또렷 해진다고 합니다.

스님들이 공부하고 염불할 때 보는 불교 전문의식집인 석문의범에 보면, 청혼(請魂)이라고 해서 영가를 청하는 의식, 혼을 청하는 의식이 있습니다. 그 부분의 일부를 제가 읽어드리겠습니다.

"○○○ 영가를 청하노라. ○○○ 영가를 청하노라. 나고 죽음 본래로 빈 것이며, 실상만이 항상 하니라.

○○○ 영가여, 생멸 없는 이 소식을 알아듣는가? 부처님의 위신력을 입고 법력을 빌어, 이 향단에 이르러 공양을 받고 남이 없는 이 도리를 깨칠 지로다."

'생멸 없는 이 소식을 알아듣는가?' 라고 하는 것은 영가가 당연히 알아듣는 걸로 하고 이렇게 묻습니다. 그래서 '부처님의 위신력을 입고 법력을 빌어, 이 향단에 이르러 공양을 받고 남이 없는 이 도리를 깨칠 지로다' 하며 청혼을 합니다. 이를 정리해서 말씀드리자면 "오늘 재의식을 하니, 이 재의식을 잘 알아들으시고 빨리 깨달음을 얻으소서. 그리하여 갈 길을 아주 가벼운 마음으로 홀연히 가소서." 라는 뜻입니다.

이렇게 재를 시작할 때 청혼을 합니다. 남아 있는 그 무엇이 존재하므로 그 혼을 상대로 49재를 지내고 법문을 하는 것입니다. 그리하여 조건이 잘 갖추어지면 좋은 데로 가시게 되지요.

'파드마삼바바(Padmasambhava)' 라는 아주 유명한 티베트 스님이 계셨습니다. 이 스님께서 지으신 저서 중에 '사자의 서' 라고 하는 책이 있습니다. 주로 '티베트

사자의 서'라고 말하는데, 이 사자의 서에 사후에 대해
아주 자세하게 기록하고 있습니다.

제가 이 책을 소개해 드리는 것은 수많은 동서양 사
람들이 이 책에 대해서 관심을 가지고 많은 연구를 하고
있기 때문입니다. 이 사자의 서는 여러 출판사에서 번역
이 되어 나와 있을 겁니다. 혹시 여유가 있는 사람들은
서점에 나가서서 보시면 좋겠습니다. 물론 내용은 무지
어렵습니다.

아무튼 죽으면 반드시 영식이 홀로 남는다, 또는 홀
로 드러납니다. 이 영식은 특별한 특징을 갖고 있습니다.
바로 7일마다 자기의 생각, 즉 자신의 의식의 흐름이 극
에 도달한다는 것입니다. 말이 좀 어렵습니까? 우리 삶에
비유하여 좀 쉽게 다시 말씀드리겠습니다.

산 사람들의 경우, 주로 월요일이 되면 정신을 차립
니다. 화, 수, 목, 금 다 중요하지만 토, 일요일이 지나고
월요일 되면 딱 긴장을 하게 됩니다. 월요일이면 학교를
가야 하는 학생들은 다시 학교를 가고, 직장에 갈 사람들
은 다 직장을 가지요. 그러므로 월요일이 되면 모두들 주

말 동안 느슨해졌던 마음을 다잡습니다. 자기 위치, 자기 할 일 등을 생각합니다.

영가 또한 마찬가지입니다. 영가도 살아생전의 이러한 업식이 그대로 남아 있기 때문에 7일 정도 되면 자기 정신을 발동시킵니다. 자기의식이 더 또렷해집니다. 자신의 의식이 더 또렷해지는 그것이 마치 월요일처럼 발동되므로, 그때를 맞추어서 초재, 2재, 3재, 4재 이렇게 재를 지내게 되는 겁니다. 아무 때나 재를 지내는 것이 아니라 가능하면 영가가 자기 정신을 더욱 또렷하게 발동시키는 날에 맞추어서 지내게 된다는 것입니다. 즉, 영가의 의식이 특별히 드러날 때를 맞추어 재를 지내주는 것입니다.

불교의범 391쪽에 '회심곡' 이라는 것이 있습니다. 그 중에서 392쪽 중간 즈음을 보십시오.

"제일전에 진광대왕, 제이전에 초강대왕, 제삼전에 송제대왕, 제사전에 오관대왕, 제오전에 염라대왕, 제육전에 변성대왕, 제칠전에 태산대왕…"

많은 분들이 '신과 함께'라는 영화를 보셨을 텐데, 이 영화에 여러 대왕들이 나와서 심판을 합니다. 제가 다음 시간에 '대왕들의 심판은 도대체 무엇인가?', '실제로 그런 대왕들은 있는가?' 여기에 대한 말씀을 드리겠습니다.

 건강하시고 내일 다시 뵙겠습니다.
관세음보살

47
49재는 지내야 하는가? (2)

2020. 04. 16. 세계명상센터 보은전

관세음보살. 유튜브불교대학 시청자 여러 분, 반갑습니다. 오늘은 어제에 이어서 49 재에 대해서 말씀을 좀 더 드리도록 하겠습니다.

49재는 대단히 중요한 의식입니다. 왜냐하면 49재는 죽은 자, 돌아가신 분이 마지막으로 인생을 다시 정리하고 좋은 곳으로 갈 수 있는 마지막 기회이기 때문입니다.

49재 의식은 주로 7·7재(七七齋)라 하여 7번에 걸쳐 지냅니다. 왜 7번인가? 숫자 7은 여러모로 그 의미가 깊고, 우리 삶과 밀접한 관련이 있기 때문입니다.

간단히 살펴보면 먼저 7음계라 하여, 중생들이 듣는 소리도 일곱 개의 음으로 이루어집니다. 또 일곱 가지 무지개색이라는 말을 하지요. 이처럼 보이는 빛깔, 색깔 역시 7, 즉 일곱 가지로 말합니다. 월화수목금토일, 요일도 7일로 되어 있습니다.

이처럼 우리 인간의 생체 리듬, 생활 리듬은 거의 대부분 7에 맞추어져 있습니다. 그래서 특히나 월요일이 되면 대부분의 사람들이 다 자기 위치를 확인하고, 자기가 할 일을 깨닫고 다시 출발하여 열심히 생활합니다.

그와 같이 영가 또한 7일이라는 주기에 익숙해져 있습니다. 그래서 돌아가신 이후로 7일째가 돌아오면 마치 산 사람이 월요일에 자신의 위치를 깨닫듯이 영가 또한 그러합니다. 그러므로 돌아가신 지 7일 후 초재를 지내고, 초재를 지낸 후 다시 7일이 지나면 2재를 지내고, 다시 7일 후에 3재, 4재 이렇게 재를 지내드립니다.

따라서 재를 지내는 그 시점이 바로 영가의 의식이 특별히 더 또렷해지면서, 자기가 무엇을 잘못했는지 또 자기가 무엇을 해야 하는지 분명하게 느끼고 스스로를 드러내는 때라는 것입니다. 자기의식이 더 또렷해지고 분명해지는 그때 영가는 때로 두려움을 느끼고, 때로는 반성도 하며, 분명한 자기 판단이 서게 되는데, 이때 그 자기 판단의 대명사로 등장하는 분들이 바로 시왕(十王)이라고 하는 대왕들입니다.

제가 전 시간 마지막 끝날 때쯤, 회심곡에 나오는 대왕들 소개를 해드렸습니다. 제1전에 진광대왕, 제2전에 초광대왕, 제3전에 송제대왕, 제4전에 오관대왕, 제5전에 염라대왕, 제6전에 변성대왕, 제7전에 태산대왕 등 영화 '신과 함께' 에 나왔던 대왕들 말입니다.

　그런데 이러한 대왕들이 실제로 존재하는 것은 아닙니다. 이것은 매우 중요한 얘기입니다. 실제로 존재하는 것이 아니라 '자기의식의 판단' 입니다. 본인 스스로 판단하는 것입니다. 지난 시간에 소개해 드렸던 책 '티베트 사자의 서' 에는 자기를 보호하는 수호신, 악귀, 자기를 기쁘게 하려는 선신들 등 온갖 것들이 마구 나타납니다. 그런데 그러한 것들이 실재하는 것이 아니라 자신의 환영(幻影)입니다. 본인의 환영이라고 생각해야 합니다. 티베트 사자의 서에서도 누누이 얘기하고 있습니다. 실재하는 것이 아니라 자기의 환영일 따름이다, 그러니 그것을 빨리 알아차리라고 계속 경고합니다.

　앞의 대왕들 역시 자기의식의 독로(獨露)입니다. 자기의식이 뚜렷하게 나타나서 자기 판단, 자기 심판을 하는 것입니다. 그래서 선(善)의 신 역할도 하고, 악(惡)의 신 역할도 하는 것입니다. '염라대왕도 실지로 있을까? 실지로 영원히 없어지지 않는 심판자가 있을까?' 이렇게 생각하기 쉽습니다. 하지만 그러한 존재는 없습니다. 그저 다 자기 스스로가 판사가 되고, 자기 스스로 악의 신이 되고, 선의 신도 되는 것입니다. 그것은 자기 안에 내재하고 있는 업식 종자가 발동하는 것이지요.

그때를 맞춰서 재를 잘 지내주면 영가가 또렷한 인식으로 재의 내용을 알아듣고 부처님 전에 불공도 드리고 함으로써 자기 업식이 아주 가벼워지는 겁니다. 깨달을 것은 깨닫고, 참회할 것은 참회해서 자기 분수를 충분히 알아차리게 된다는 말입니다.

우리가 말하는 재(齋)는 '재계할 재(齋)' 자로 '깨끗이 하다' 라는 뜻을 가지고 있어요. 깨끗이 하기 위해서는 정진해야 합니다. 그래서 49일 동안 재를 모시는 것은 영가가 자신의 업장을 씻어내고 마지막으로 부처님 전에 불공을 드리면서 정진하도록 하는 마지막 기회인 것입니다.

이러한 49재를 지낼 때는 상주권공(常住勸供), 관음시식(觀音施食) 이러한 것들을 합니다. 이것은 부처님 전에 공양을 올리면서 불공을 드리고, 또 금강경 등 경전을 읽으면서 천도 의식을 해 드리는 것입니다. 그래서 영가가 자신이 지은 업을 씻어내고 어쨌든지 업을 가벼이 해서 좋은 세상에 가시라는 간절한 염원, 발원이 이 49재에 있는 것입니다.

어떤 사람들은 "49재 안 해도 별문제 없더라."라며 쉽게 말합니다. 어떤 문제가 특별히 눈에 띄지 않으니까 없다고 말할 수도 있겠지마는 절대 그렇지 않습니다.

우리가 보는 이러한 세상은 극히 제한적입니다. 우리 눈에 보이고 들리는 것은 극히 제한적이라는 말입니다. 특히 저 영계(靈界), 중음신의 세계는 더욱더 우리가 모르는 수가 많습니다. 하지만 모른다 해서 없는 것은 아닙니다. 그러므로 절에서 하는 천도 의식, 49재 의식은 절에서 하는 대로, 스님들이 하는 대로 그냥 따라 하는 것이 좋습니다. 직접 눈으로 보고 귀로 듣는 것 외의 특별한 어떤 능력이 없는 상태에서는 그냥 따라 하시는 것이 상책입니다.

스님들이 하는 정신 영역이 좀 다릅니다. 옛날부터 이러한 천도 의식이 있어서, 그 의식을 따라 영가를 좋은 데 잘 가시도록 안내하는 것은 그냥 '아, 그렇구나' 하며 믿음을 내서 하는 것입니다. 하지만 이러한 것들을 전혀 모르는 사람은 "그거 안 해도 별일 없던데." 그렇게 말하면서 믿지 않음은 물론이고, 믿지 않으니 당연히 천도 의식도 하지 않습니다. 그것은 그들 자신이 그 세계에 대해서 무지(無知) 하기 때문입니다. 영가가 잘 갔는지 아닌지 알 수 없다고 생각하기 때문이겠지요. 또한 영가가 후손들에게 미치는 음덕은 암암리에 드러나기 때문에 알지 못하는 것일 뿐입니다. 만약에 조상 영가 또는 중음신이 있다는 것을 알고 우리에게 영향을 미치고 있다는 것을 느끼게 되면, 우리가 지낸 49재로 인해서 영가가 좋은 데 가시게 되었다는 확신을 가지지 않을 수 없습니다.

몸을 버린 존재, 영가 또는 중음신은 49재 의식을 통해서 반드시 새롭게 태어납니다. 특히 중요한 재는 초재, 5재, 막재(7재)입니다. 초재와 막재 가운데 5재를 말하는 것은, 5재는 염라대왕께서 심판하는 재이기 때문에 그렇습니다. 물론 염라대왕도 자기의식의 표출, 자기 심판입니다. 다시 말해 자기가 가야 할 길에 대해서, 자기가 전생에 살았던 일에 대해서 가장 깊고 또렷하게 의식이 활동하는 시점이 5재인 것입니다. 염라대왕이 심판한다고 표현해도 관계없지만, 실제로는 자기가 자기 자신을 심판하는 것입니다. 이승이든 저승이든 어느 세상에서든 자기 자신이 자기 자신을 가장 잘 아는 겁니다.

결국 49일 동안 판단하는 것이 다 자기 판단일 뿐 다른 사람의 판단이 있는 것은 아닙니다. 49재 의식은 영가가 그러한 자기 판단을 좀 더 잘 할 수 있도록, 잘 깨우치도록 우리가 도와주는 것입니다. 그래서 49일의 기회를 절대 놓치면 안 된다는 것이지요.

49재 기간 동안에는 집에서도 금강경을 좀 많이 읽어 드리세요. 그리고 금강경 사경도 하시기 바랍니다. 7번의 재를 절에서 지내지만 집에서도 영가를 위해서 금강경을 읽고, 사경하고, 부처님 명호도 부르고 한다면, 남아 있는 후손들로서 아주 최선을 다하는 것입니다. 그처럼 49재를 잘 지내 드리면 영가에게 당연히 공덕이 가고, 후손들에게도 또한 천도한 공덕이 분명히 남게 됩니다.

영가, 중음신은 두려움이 많을 수밖에 없습니다. 산 사람도 두려울 때가 있잖아요. 그런데 영가는 이제 막,

세상을 하직하고 혼자된 존재이기 때문에 굉장히 두렵습니다. 49재 의식은 영가가 방황하지 않고 두렵지 않도록 잡아주는 것이라고 볼 수 있습니다. 그리고 좋은 염불 듣고, 부처님 말씀 듣고, 스님들 법문 듣고 하다 보면 마음이 아주 가벼워집니다.

영가들이 참회할 것은 참회하고 자기가 몰랐던 것은 깨달으면서 '이제는 가야 할 길을 빨리 가야겠다' 합니다. 그래서 49일이 되면 웬만한 영가는 다 떠나갑니다. 물론 집착이 너무 많거나 억울하게 죽은 영혼의 경우에는 특별한 의식을 또 해야겠지만 웬만한 영가는 49일이면 다 떠나갑니다. 영가가 미련 없이 이 세상을 잘 떠나가주시는 것, 그것이야말로 살아있는 사람에게는 가장 좋은 일입니다. 따라서 49재 의식은 영가가 미련 없이 가시도록 안내하는 거기까지를 말한다고 보셔도 됩니다.

누누이 강조하여 말씀드리지만, 보이지 않는다고 해서 절대 무시해서는 안 됩니다. 보이지 않는 세상이 더 크고 많습니다. 그중의 하나가 49재, 영혼의 천도입니다. 살아있는 사람이 돌아가신 분을 위해서 마지막으로 좋은 일 할 수 있는 일이 49재입니다. 만일 종교가 달라서 죽은 이후에 자식들이 49재 지내주지 않을까 걱정이 있는 분들은 미리 스스로 준비를 해 두어야 합니다. 사찰 또는 아는 스님께 '제 49재는 스님이 좀 해 주십시오' 또는 '어느 절에서 좀 해 주십시오' 이렇게 먼저 부탁을 해 놓으시면 됩니다. 본인의 재는 본인이 알아서 하면 좋습니다. 만일 후손들이 다 불자이고 모두가 신심이 있다면 당연히 49재를 해 드릴 겁니다.

49재만 잘 지내면 이생보다 다음 생이 훨씬 더 좋을 수 있습니다. 이생만 좋은 것이 아니라 이보다 더 좋은 세상은 얼마든지 더 있습니다. 다음 생으로 건너가는 다리, 그 사이 49일은 영가가 더 좋은 세상으로 가는 데 더 큰 힘이 될 수 있습니다. 그러므로 우리 불자들은 49일의 여행, 49일의 기회는 매우 중요하다는 생각을 늘 가져 주시면 좋겠습니다.

 늘 건강하시고 내일 다시 뵙겠습니다.
관세음보살

48
빠른 업장소멸법

2020. 04. 17. 세계명상센터 보은전

관세음보살. 유튜브불교대학 시청자 여러분, 반갑습니다. 오늘은 '업장소멸법'에 대해서 말씀드리겠습니다.

우리가 삶을 살아가는 데 있어 업장소멸이라는 것은 대단히 중요합니다. 그래서 오늘은 특별히 '빠른 업장소멸법'에 대해 말씀드리고자 합니다.

우리는 늘 업장(業障)이라고 하는 굴레 속에 있습니다. 업장이란 '업의 장애'라는 뜻입니다. 즉, 우리는 늘 업의 장애 속에 놓여 있다는 말입니다. 업의 장애 속에 놓여 있다 보니, 열심히 한다고 하지만 하는 일이 잘 안 되고 사사건건 사고가 터집니다. 그래서 낙담하고 망연자실하게 됩니다. 그러면 대부분의 불자들은 '내 업장이 참으로 두텁구나' 이렇게 자책합니다. 그러면서도 뚜렷한 돌파구는 찾지 못할 때가 많습니다.

하지만 '모든 것은 나의 탓이다', '모든 것은 나의 업 때문이다' 이렇게 생각만 해도 거의 절반은 해결이 된 것입니다. 그렇다면 나머지 절반의 답은 어디서 찾아야 하느냐, 수행에서 찾아야 합니다.

업의 장애, 즉 업장이 두터우면 사는 것이 참으로 힘든데 그러한 업장을 녹이고 소멸하는 방법이 불교 안에 있다는 것은 얼마나 다행스러운 일입니까? 어쩌면 우리는 아주 운이 좋은 것인지 모릅니다.

제가 오늘은 특별히 빠른 업장 소멸법에 대해서 구체적으로 말씀드릴 테니까 꼭 이대로 하시기 바랍니다.

첫 번째, 금강경을 하루 일곱 번 독송하십시오. 업장 소멸에 있어서는 금강경(金剛經)만 한 경(經)이 없습니다. 금강경 제16분은 아예 제목 자체가 '능정업장분(能淨業障分)' 입니다. 능정업장, 즉 '능히 업장을 정화한다' 는 뜻입니다. 업장을 소멸한다, 업장을 녹인다는 뜻을 직접적으로 드러내고 있습니다.

각각의 경전에는 그 경전마다 고유의 특별한 에너지가 있습니다. 금강경 역시 많은 좋은 기운이 있지만 그 가운데서도 특히 업장을 녹이는 기운이 있습니다. 그러므로 금강경을 반드시 하루에 일곱 번 독송하시기 바랍니다. 만일 혼자 하기가 힘들면 유튜브에 '우학스님 금강경 독송' 이라 해서 영상이 잘 올려져 있으니 그걸 틀어놓고 따라 하시면 됩니다.

제가 독송한 것을 촬영한 영상인데 신도님들께서는 그냥 따라 하기만 하면 되도록 아주 잘 제작되어 있습니다. 독송을 하다가 중간중간 제가 숨을 갈아 쉬는 시간에도 끊어짐 없이 바로 쭉 나가므로 독송하기 아주 좋습니다. 그냥 틀어놓고 따라 하시기만 하면 되니까 '우학스님 금강경 독송' 영상을 참고하셔서 꼭 하루에 일곱 번 독송을 하시기 바랍니다.

저도 매일 금강경적 수행을 합니다. 독송도 하고 사경도 합니다. 제가 아주 잘 알고 크게 존경하는 스님으로 통도사에 계시는 법산 경일 큰스님 역시 금강경 수행을 정말 많이 하십니다. 스님께서는 금강경을 하루에 스무 번씩 독송을 하십니다. 전에도 늘 해오셨지만 최근 새로 또 계획을 세우셔서 "10만 독을 할 것이다." 이렇게 말씀하시더라고요.

이처럼 아주 오랜 옛날부터 큰스님들도 금강경적 수행을 대단히 중요하게 생각을 해 왔습니다. 법산 큰스님처럼 덕망 있으시고 법력이 높으신 분들도 금강경을 독송하시고 수행하시는데, 하물며 일반 불자들이나 스님들이야 말해서 뭐 하겠습니까? 꼭 하시기를 바랍니다.

두 번째, 전통 백팔대참회문을 가지고 절을 하십시오. 최소 아침에 한 번 저녁에 한 번 이렇게 아침저녁으로 절을 하십시오. 제가 '전통 백팔대참회문'이라 했습니다. 요즘은 응용되거나 요즘 시대에 맞도록 만들어진 108대참회문이 많이 나와 있는 것 같습니다. 하지만 그것은 참고 정도만 하셨으면 합니다. 옛날부터 절 집안에서는 전통 백팔대참회문이라는 것이 있었습니다. 그 전통 백팔대참회문을 가지고 절을 하면 절을 하는 속도가 아주 일정합니다. 그리고 서 있으면서 기다리는 시간이 없습니다. 절을 할 때는 일정한 속도로 차근차근 계속해 가야 하고요. 무엇보다도 절을 할 때는 절을 그대로 계속해 가야지 서 있는 시간이 많다 보면 망상이 들어서기 쉽습니다. 그러므로 대참회문을 읽으면서 108배를 하시는 것을 추천드립니다.

전통 백팔대참회문을 가지고 절을 하면 한 20분 정도 소요됩니다. 유튜브불교대학 독송 편에 '전통 백팔대참회문' 영상도 올려져 있는데 그 영상이 딱 22분입니다. 그러니가 늦어도 25분 안에는 108배 절을 하는 것이 끝나야 합니다.

제가 동곡 일타 큰스님께서 살아 계실 적에 스님의 법문을 참 많이 들었는데, 스님께서 법문 중에 말씀하셨습니다.

"업장을 소멸하는 데는 백팔대참회문 하면서 절하는 것이 최고다."

큰스님께서는 우리 몸을 말 통에 비유하셨습니다. 옛날 시골 양조장 앞을 지나가다 보면 흰색으로 된 커다란 말 통이 있는데, 그 통에 막걸리를 담아놓고 팔기도 했습니다. 말 통 안에 있는 내용물을 다 소비한 뒤에는 말 통을 깨끗하게 씻어야 하는데 그게 잘 안 씻어집니다. 물을 몇 바가지 넣고 뚜껑을 닫고 막 흔든 후에 말 통 중간을 잡고 물을 뽑아냅니다. 그러면 그 안에 있는 물이 큰스님 말씀처럼 '줄그덕 줄그덕' 하면서 물이 툭, 툭 튀어 나갑니다. 그런데 그게 한꺼번에 잘 안 나갑니다. 그래서 그러한 행위를 몇 번 반복해야 합니다. 물을 다 빼고 나면 다시 또 물을 넣습니다. 물을 다시 넣어서 통을 흔든 뒤에 다시 물을 바깥으로 빼내는 작업을 몇 번이고 반복해서 해야 합니다. 그렇게 반복하다 보면 말 통 속이 깨끗해져서 다시 내용물을 담을 수 있게 되는 것이죠.

우리 몸도 그와 비슷하다는 것입니다. 그래서 통의 물을 기울여서 그 안에 있는 더러운 물을 뽑아내듯이 절을 계속하는 것도 그와 같다고 하셨습니다.

"절을 계속해서 하는 것은 마치 말 통을 기울여서 물을 뽑아내는 것과 같은 것이다."

큰스님께서 그렇게 비유하며 말씀하시니 그 의미가 참으로 와닿았습니다.

우리가 절을 하는 것은 내 몸과 마음 안에 있는 묵은 업장들, 묵은 기운들을 뱉어내는 것으로 말 통 안에 있는 물이 줄그덕 하면서 빠지는 것과 같습니다. 절을 함으로써 몸과 마음속에 있는 묵은 업장이 바깥으로 튀어나오는 일이 된다, 이 말입니다.

큰스님의 비유가 참으로 멋지지 않습니까? 그러므로

반드시 절을 하시되 백팔대참회문을 가지고 같이 하셔야 합니다.

업장이 있다는 것은 이미 참회할 일이 많다는 말입니다. 업의 장애가 있다는 것은 분명히 어떤 문제가 있다는 거지요. 그러므로 업의 장애, 즉 업장이 있다는 것은 참회할 일이 있다, 이 말입니다. 우리가 참회해 버리면 업의 장애는 없어질 것 아닙니까? 그러니 백팔대참회문을 외우면서 하는 것을 권해 드리는 것입니다.

앞서 잠시 말씀드렸듯이 백팔대참회문 역시 유튜브 불교대학 독송 편에 잘 올려져 있습니다. '우학스님 전통 백팔대참회문' 이렇게 올려져 있습니다. 영상을 보시면 화면에 '대자대비민중생 대희대사제함식…' 자막을 아주 크게 잘 넣어 놨습니다. 전통이다 보니 한문으로 되어 있습니다. 한문도 같이 계속 따라 하시다 보면 후일에 저절로 깨치는 바가 있으실 겁니다. 그러니까 한문 그대로 따라 하시는 것이 좋습니다. 한글로 번역된 것을 꼭 보고 싶으신 분들은 제가 쓴 불교의범 책을 보시면 한글로 뜻풀이된 것이 잘 나와 있습니다.

但不爲也 非不能也
하지 않을 뿐 할 수 없는 것이 아니다!

아무튼 백팔대참회문을 가지고 108배를 할 때는 한문으로 된 전통 백팔대참회문을 가지고서 하시는 것을 권해 드립니다. 이를 아침저녁으로 하시면 분명히 어떤 느낌이 올 겁니다.

세 번째, 방생(放生) 하십시오. 어떤 사람들은 "요즘 시대에 방생이 뭐 그리 중요합니까?"라고 하기도 합니다. 요즘 시대일수록 방생이 중요합니다. 생명이 중요치 않은 존재는 없습니다. 만일 죽어가는 생명체를 잘 살려준다면 선의 에너지가 내게로 돌아와서 복이 될 것입니다. 방생의 공덕에 대해서는 후일 따로 시간을 내어 말씀을 더 드리도록 하겠습니다.

네 번째, 법보시(法布施)를 하십시오. 법보시란 스님들이 지은 책이나 경전 등을 주위 사람들에게 부담 없이 나눠드리는 것입니다. 경전 경책을 법보시 한다는 것은 주위 사람들, 나와 인연 맺고 있는 사람들에게 정신적인 에너지를 제공하는 일이므로 물질적인 보시와는 차원이 또 다릅니다. 그러므로 법보시 하는 일이 있다고 하면 거기에 동참하시면 아주 좋습니다.

한국불교대학 大관음사 같은 경우에는 법보시 운동을 자주 합니다. 이번 부처님 오신 날의 경우에도 등공양, 즉 1년 등(燈)을 다시면 선물로 책을 한 권씩 다 드리도록 되어 있습니다.

한국불교대학 大관음사는 특히 교도소에 있는 분들에게 법보시를 많이 하는 편입니다. 그분들은 정신적으로 다 힘들잖아요. 그러니까 법보시에 동참하고 싶으신 분들은 한국불교대학이나 부속 출판사인 좋은인연으로 연락을 주시면 좋겠습니다. 이처럼 법보시를 하는 것도 업장 소멸하는 길이 됩니다.

다섯 번째, 제가 늘 강조하듯이 관세음보살을 꾸준하게 외우십시오. 자나 깨나 관세음보살을 외우십시오. 그리하면 업장도 녹고 관세음보살의 공덕도 입게 됩니다. 하루에 시간 나는 대로 틈틈이 하시고, 조깅할 때나 산책할 때, 등산하실 때도 염주 하나 딱 잡고 '관세음보살 관세음보살 관세음보살…' 이 기도를 하면서 다니시면 좋겠습니다.

그리고 집에서 혼자 앉아서 하실 때는 관음정근을 한

뒤 끝에 멸업장진언(滅業障眞言)을 반드시 하시기 바랍니다. '옴 아로늑게 사바하' 이것을 세 번 또는 일곱 번 정도 꼭 하시기를 바랍니다. 멸업장진언은 말 그대로 업장을 소멸하는 진언입니다. 어쨌든지 업장이 소멸되어야 하는 일이 순탄하고, 하는 일이 뜻과 같고, 하는 일이 크게 성취됩니다. 그러므로 관세음보살 기도 끝에 멸업장진언을 세 번 또는 일곱 번 꼭 하시기 바랍니다.

제가 이렇게 다섯 가지 명상법 또는 기도법을 제시하니 어떤 분들은 "아이고, 스님! 어떻게 한꺼번에 다 합니까?" 이렇게 말씀하시기도 합니다. "금강경 해야지, 전통 백팔대참회문 하면서 절 해야지, 방생도 해야지, 또 법보시도 할 수 있으면 해야 하고, 관세음보살도 외워야 하고, 어떻게 한꺼번에 다 합니까?"라고 말하는 사람은 아직 덜 답답해서 그렇습니다. 아주 답답해보십시오. 이 정도 하는 것은 아무것도 아닙니다.

'단불위야(但不爲也) 비불능야(非不能也)라' 이런 말이 있습니다. 하지 않을 뿐 할 수 없는 것이 아니다는 뜻입니다. 이 정도 수행은 게으름을 피워서 하지 않을 뿐이

216

지 할 수 없는 게 아닙니다. 이 정도 수행을 해야 빠르게 업장 소멸할 수 있습니다.

제가 제시한 다섯 가지 중에 하나만 해도 됩니다. 하지만 다섯 가지를 다 하신다면 시너지 효과가 나타나서 정말 빠른 업장 소멸의 방법이 됩니다. 빠른 업장 소멸을 할 수 있다는 말입니다.

언제나 우리는 업장을 소멸하는 수행들을 기꺼이, 그리고 흔쾌히 하시면 좋겠습니다. '모든 것은 다 내 업이지', '하루빨리 업장을 녹여야지' 하는 긍정적인 마음으로 수행에 임하면 좋겠습니다.

모두 다 업장 소멸하는 하루가 되시기를 바랍니다.

 내일 다시 뵙겠습니다.
관세음보살